JN439561

이양자 수필집

모차르트를 사과하다

모차르트를 사과하다

이양자 수필집

1판 1쇄 인쇄/ 2023년 5월 15일
1판 1쇄 발행/ 2023년 5월 22일

지은이 / 이 양 자
펴낸이 / 우 희 정
펴낸곳 / 도서출판 소소리

등록 / 제300-2007-21호
주소 03073 서울 종로구 성균관로5길 39-16
전화 / 765-5663, 010-4265-5663
e-mail: sosori39@hanmail.net

값 13,000 원

*잘못된 책은 바꿔드립니다.

ISBN 978-89-97294-181-2 03810

모차르트를 사과하다

이양자 수필집

어디쯤 왔을까 뒤돌아봅니다

지구도 세계도 나라도 모두 어둡기만한 세상을 삽니다.
황혼이 깃든 나이 앞에 서면 춥고 쓸쓸하기만 합니다.

그래도 과거는 모두가 놓치고 싶지 않은 추억입니다.
그리고 오늘이 있어 내일을 봅니다.

잘 늙으면 청춘보다 아름다울 수 있습니다.
잘 물든 단풍은 봄꽃보다 예쁩니다.

인간의 노화는 어떤 방법으로도 막을 수 없지만
우아하게 늙어가려는 노력만이 최선입니다.

움츠려들지 말고 언제나 따뜻한 마음으로
살아가면서 곱게 늙을 수 있기를 소망합니다.

긍정적 사고와 베푸는 마음, 사랑하는 마음만이
멋지고 아름답게 늙어가는 길이라 믿습니다.

바람이 있다면 매 순간 열정을 다해 살다가 나의 시간이
다하는 어느 날 내가 애써온 날들이 귀하고 값진 것이었다고
따뜻하게 기억되었으면 합니다.

황혼이 짙은 나이에 혼자 석양의 창가에 서서
과거를 회상하며 지난날 글들을 모아 보았습니다.

2023년 5월

저자 운경(芸卿) 李陽子

▷ 차 례

1. 모차르트를 사과하다

2. 칭찬하고 또 칭찬하라

3. 삶에 감동하는 날

4. 그대들에게 주는 말

1.

모차르트를 사과하다

사주 궁합 이야기

음식에도 궁합(宮合)이 있다. 음식 궁합이 맞으면 서로 상승효과를 일으켜 몸을 건강하게 하고, 음식 궁합이 맞지 않으면 오히려 독이 되는 수도 있다. 사람도 궁합이 맞는 사람과 그렇지 않은 사람이 있다. 어떤 일을 같이 해도 자꾸 충돌이 일어나는 경우가 있고, 서로 도와 멋지게 조화를 이루는 경우도 있다. 그러니 평생을 함께할 부부의 궁합이야 어떻겠는가?

그래서인지 결혼을 앞둔 남녀는 점집을 찾아 궁합을 본다. 그 방법은 신랑과 신부의 사주(四柱)를 오행(五行)에 맞추어 상생(相生)과 상극(相剋)을 따져 길흉을 점치는 것이다. 사주는 사람의 태어난 년(年), 월(月), 일(日), 시(時)의 네 기둥이다.

사람은 누구나 자신의 운을 타고나는데, 이 사주 속에 일생의 길흉화복(吉凶禍福)이 담겨 있다고 생각하였다. 사주(四柱)의 네

기둥은 각각 두 글자씩이다. 그래서 사주를 글자로 풀면 팔자(八字)가 된다. 사주팔자가 좋다느니, 팔자가 늘어졌다느니 하는 말이 다 여기서 나왔다. 궁합은 나이에 따라 자(子: 쥐) 축(丑: 소) 인(寅: 호랑이) 묘(卯: 토끼) 진(辰: 용) 사(巳: 뱀) 오(午: 말) 미(未: 양) 신(申: 원숭이) 유(酉: 닭) 술(戌: 개) 해(亥: 돼지)의 십이지(十二支)를 기준으로 보는 겉 궁합이 있고, 오행에 따라 사주를 맞춰 보는 속궁합이 있다. 만일 궁합을 보아 사주와 오행에 살(煞)이 끼면 불길하다고 생각하는 것이다.

일반적으로 경상도 쪽은 불교신자가 많아서인지 보통 결혼 전에 사주 궁합을 보는 편이다. 그러니 내가 결혼할 즈음도 궁합을 우리 집에서는 보았다. 게다가 신랑 쪽에서는 시아버지 될 분이 이 방면엔 거의 도통하다시피 하셔서 주변 사람들의 사주 궁합이나 이사 가는 날을 택일 하는 것까지 봐주시는 분이셨다.

그랬으니 앞으로 결혼할 그와 나 우리 두 사람이 대학원에서 만나 서로 공부하며 사귀다가 친정아버지의 허락을 받게 될 즈음에 우리 어머니는 신랑 사주를 보기 위해 음력 생년월일을 알아오라 하셨다. 그리고 신랑 쪽 아버지도 신부될 사람의 생년월일을 알아오라 하셨다. 그런데 그 사람은 자기 아버지가 개띠는 토기띠와 궁합이 맞는다고 토기띠 색시를 구해오라 하셨다고 한다. 또한 친정어머니도 그 전에 뱀띠와는 돼지띠와 합이 맞다고 여러 번 나에게 이야기 하신 일이 있다. 그러니 그는 개띠고 나는 뱀띠였다. 그래서 우리 두 사람은 생각 끝에 좋은 것이 좋다고 뱀띠인 나는 토끼띠로 바꾸고 개띠인 그 사람은 돼지띠로 바꾸기로 했다. 사실 궁합이 별로 중요하다고는 생각하지 않았기 때문이기도 하다.

그러자니 그 당시 우리 두 사람이 알고 있는 사주를 보는 방법은 당사주(唐四住) 밖에 몰랐으므로 당사주로 일단 개띠와 뱀띠인 두 사람의 음력 생년월일에서 나오는 괘를 뽑아내고 그걸 다시 바꾸려고 하는 돼지띠와 토기 띠에서 거기 해당하는 괘를 찾아 날짜를 만들어냈다. 당사주란 중국 당(唐)나라 이허중(李虛中)의 점서(占書)에 그림을 넣어 도해(圖解)한 것인데 조선후기에 한글로 알기 쉽게 풀이하여 간행된 사주책에서 나오는 사주풀이다.

당(唐)사주의 년(띠)으로 보는 명칭은 자천귀(子天貴), 축천액(丑天厄), 인천권(寅天權), 묘천파(卯天破), 진천간(辰天干), 사천문(巳天文), 오천복(午天福), 미천역(未天驛), 신천고(申天孤), 유천인(酉天刃), 술천예(戌天藝), 해천수(亥天壽)로 되어있다. 즉 대강 풀어서 애기하면, 쥐띠는 귀하고, 소띠는 액이 있고, 호랑이띠는 권세가 있고, 토끼띠는 천파가 들었고, 용띠는 재간이 들었고, 뱀띠는 글월 문이 들었고, 말띠는 천복이 들었고, 양띠는 역마가 들었고, 원숭이띠는 고독이 들었고, 닭띠는 천인(흉터)이 들었고, 개띠는 예술적 재능이 들었고, 돼지띠는 오래 사는 천수가 들었다는 뜻이다.

이리하며 만들어낸 토끼띠로 된 신부 측 사주는 신랑 측에,

바꾸어진 돼지띠로 된 신랑 측 사주는 신부 측에 보내졌다. 그 결과 친정어머니는 너희들은 속궁합이 좋다고 하니 잘 산단다라고 하셨고, 시아버지 쪽에서도 별 다른 이야기가 없었다. 그리고 결혼을 했다. 그러고 난 뒤 10년의 세월이 아무도 몰래 그냥 지나갔다.

하루는 미국에 사는 여동생이 귀국한 일이 있어서 오랜만에 만나 술 한 잔 하면서 우스개 삼아 그 이야기를 했다. 그로 인해 친정집에서 우리 둘의 사주 변조 사건을 다 알게 되었는데, 기왕에 결혼을 했으니 어머니는 더 이상 사주 궁합은 왈가불가하지는 않으셨다. 그리고 난 뒤 남편의 밀양 고향집에 갔을 때 시아버지께도 이실직고를 했다. 그랬더니 "자부야 지금에야 얘기하지만 사실 너 남편은 절에 스님이 되거나 독립투사가 되어 혼자 살아야 하는 팔자인데…. 이리 결혼을 했으니 옆에 붙어사는 사람이 마음이 편치는 않을 것이다. 그리고 개가 짖으면 뱀이 듣기 싫다고 고개를 돌리는 격이로구나."라고 하셨다. 그 이후 시아버님께서 항상 서울로 손수 편지를 보내실 때는 자부즉피(子婦卽披: 며느리가 바로 뜯어 보라)라고 쓰신 편지를 며느리에게 자주 보내시곤 했다.

연애결혼이면 부부 싸움을 안 하리라 여겨지지만 예외 없이 우리 부부도 많이 싸웠다 그리고 배운 사람이 무슨 사주 궁함을 믿느냐고들 하는데 살아가면서…. 동생의 사고사라든지…. 여러 상황에 부딪히다 보니까 사주든 궁합이든 매년 운세든 간에 다는 아니라도 60% 정도는 참조해서 나쁠 것이 없다는 생각을 하게 되었다. 그래서 나는 3명의 자식들이 결혼을 할 때마다 사주와 궁합을 보았고, 해마다 참조하기 위해서 그 해의 운세를 본다.

여기에 한 얘기를 덧붙이면 주역 풀이로 사주를 보아주는 단골 선생님이 주역 풀이를 하는 역술가 모임에서 우리 부부의 사주를 '오늘의 과제'로 내걸고 모두 의견 제시를 해 달라고 하니 많은 분이 이혼할 수 있다고 하였는데, 두 사람이 다 학문을 하는 교직자라고 하니 이혼하겠다고 하는 숫자가 훨씬 줄어들었다고 했다. 학문 연구가 우리 두 사람에게 액땜을 해주었을까?

산다는 것은 특히 부부로 산다는 것은 서로를 이해하고 사랑하는 인간애적인 깊은 감성과 노력 없이는 평생을 해로 한다는 것이 참으로 어려운 일이라는 생각을 하지 않을 수가 없다.

아버지의 단도리

나는 6남매의 맏이로 2남 4녀 중 제일 첫 번째로 태어났다. 머리가 우수한지는 몰라도 공부 샘이 많아서 늘 공부를 잘했다. 초등학교·중학교·고등학교에서 1, 2등을 했고 반장이나 전체 부위원장, 대대장 등을 맡아서 했다. 대학도 서울대 사범대학에 진학했고 서울대 대학원에까지 입학했다. 여기에는 나의 열심도 있었지만 정말 교육열이 강하셨던 아버지의 정성도 컸다. 아버지는 부산상고를 나오신 후 대학에 진학하려 하셨지만 척추 카리에스라는 병에 걸려서 결국 포기하셨다고 한다. 그래서 자식들의 교육에는 정말 최선을 다하셨다. 내가 서울로 시험 치러갈 때 아버지가 따라 가셔서 시험 치는 날은 청량리 사대 앞에서 종일 기다리셨다.

그리고 심지어 대학원 시험 때까지도 서울대 본부 건물에 오셔서 마로니에 나무 아래 벤치에서 기다리셨다.

그런 맏딸이 대학원 2학년이 되면서, 선 본 남자들은 모두 싫다고 하고선 사귀는 사람이 있는데, 같이 대학원에서 공부하는 사람이며 나보다는 한문도 일본어도 더 잘하며 의지가 굳은 사나이라고 설명하였다. 그리고선 결혼하면 어떨까 생각한다고 말씀을 드린 것이다.

서울에 올라오셔서 그 사람을 한번 보시기도 하셨지만 아버지는 깊이 생각하셨다. 그야말로 아버지로서는 딸을 시집보내기 위해서는 여러 가지 단도리*가 필요하셨던 것이다. 우선 너무나 가난한 고학생이라는 사실을 아시고 가난은 문제가 안 되지만 몇 가지 알아 보아야할 것이 있다고 하셨다.

첫째 6남매 중 4명이나 일찍 죽고 형제가 단 두 명만 남았으며 모친도 일찍 돌아가셨으니 혹시 집안에 어떤 병력이 있는지 알아보아야 한다고 여기셨는지 사람을 밀양의 그 사람 집 동네로 보내서 잘 알아보게 하셨다.

그리고 두 번째 아버지의 단도리는 그 사람과 나의 지도교수를 한번 만나 뵈야겠다는 말씀이셨다. 그와 나 두 사람의 지도교수는 한중교섭사를 연구하시는 유명한 전해종 교수님이셨는데 아버지는 어느 날 나에게 전화로, 부모님이 선생님을 만나 뵈러 간다고 전교수님께 연락을 드리라고 하셨다. 그리고는 아버지와 어머니 두 분이 서울대 본부에 있는 문리대 건물 내의 전해종 교수님 연구실로 오신 것이다.

아버지는 그 사람에 대한 지도교수님의 확고한 신뢰와 능력 평가를 확인하고 싶으셨던 것이다. 지금도 그 장면이 눈에 선하다.

교수님의 깍듯한 인사말씀과 그 정중한 모습…. 그리고 아버지의 예의를 갖추신 간절한 모습…. 어찌 이런 일이 자주 있기나 한 일인가~! 그렇게 하여 그 사람 즉 김종원 청년은 우수하고 장래가 촉망된다는 확신을 아버지는 결국 지도교수님으로부터 확인을 하실 수 있었다.

이리하여 그 사람과 나의 결혼 이야기는 속도가 빨라지기 시작했다. 1964년 10월 약혼식을 앞두고 있었다. 그런데 아버지의 단도리는 또 한 가지가 더 있었다. 무엇보다도 중요한 것은 건강이니 건강검진을 하는 것이 좋겠다는 말씀이셨다. 그가 폐를 앓았다는 얘기도 들으셨기 때문이다. 서양에서는 결혼 전에 건강검진서를 교환하는 것이 상례이며, 또한 아버지도 그 옛날에 건강이 약해보이는 자신에 대해서 장인 되실 분이 꼭 하라고 해서 본인도 건강검진을 하셨다는 얘기까지 하시면서….

몸이 나쁘면 고쳐서 결혼하면 된다는 말씀이셨지만 자존심이 강한 그 사람은 몹시 언짢아했다. 그래서 그 사람은 혼자는 못하겠으니 양자씨도 함께해야 한다고 했고 우리 두 사람은 결국 서울대가 아닌 다른 종합대학 병원에서 같이 신체검사를 했다. 다행히 둘 다 다행히 아무 이상이 없었다.

그리하여 그해 10월 24일 서울 충무로에 있는 아서원이라는 큰 중국집에서 일가친척과 대학원 선생님, 사범대 선생님 등 모두 부부 동반으로 다 모셔 놓고 성대한 약혼식을 할 수 있었다. 이와 같이 사랑하는 딸이 가난한 백면서생과 결혼한다는 사실 앞에서 아버지는 반대는 안하셔도 온갖 단도리를 다하신 셈이다. 이듬해 봄 우리는 결혼식을 올렸다.

그런데 한 가지 더 이야기 할 것은 우리 집엔 딸이 넷인데 다른 딸들 셋은 모두 살만한 집에 시집을 갔다. 게다가 모두 의사 집안이고 신랑 자신도 의사였으니…. 그래서인지 나머지 셋 중 어느 사위도 건강검진을 시키지 않으셨다는 것은 중차대한 아버지의 실수였다. 그래서 자존심이 강한 그 사람은 살면서 두고두고 이 건강검진 사건을 얘기했었다.

*단도리: 일을 해나가는 순서, 방법, 절차 또는 그것을 정하는 일. 단도리(だんどり)는 원래 일을 해 나가는 순서, 방법, 절차 또는 그것을 정하는 일을 뜻하는 일본어이다. 이 말이 우리나라에 들어와 작업 현장에서 가공, 조립 공정에 있어서 공작물, 공구, 지그 등을 소요의 상태에 설치하여 작업 준비를 한다는 의미의 용어로 일반적으로 쓰이게 되어 단도리 작업이라고도 한다. 또, 단도리 작업에 소요되는 시간을 단도리 시간이라고 한다.

나의 결혼생활 회고록

그러니까 경남고 출신 32세의 김종원 밀양 총각과 경남여고 출신 25세의 이양자 부산 처녀가 인연을 맺어 결혼식을 올린 것이 1965년 4월 12일이니 올해로써 꼭 58년이 된다. 참 세월이 유수와 같다더니 이제 와서 생각하니 마치 쏜 화살처럼 세월이 빨리 지나갔다.

큰딸이 쉰여덟 살, 큰아들이 쉰여섯 살, 작은아들이 쉰두 살. 우리 두 사람의 역사이며 사랑의 결실이다. 가만히 생각하니 참으로 지난 일들이 주마등처럼 스쳐지나간다.

그 고집 세고 자존심 강하고 패기만만한 모습이 마치 야생마 같았던 그이도 나이 들어가면서 온순한 반백의 노인이 되었었다. 그간 야생마를 길들여 보겠다고 등에 타고 뛰어 보려다 수십 번을 곤두박질하며 떨어져 상처 입었던 야심만만했던 로데오

선수인 그 아내도 이젠 정년퇴직한 지 17년, 주름진 얼굴로 80 고개를 훌쩍 넘겼다. 그런데 그이는 지금 이 세상 사람이 아니다. 결혼생활 44년 만에 암으로 타계했으니 혼자 산 지 어언 14년이 지났다.

가난하게 성장하여 오직 의지와 자존심 하나 만으로 자신을 지탱하며 살아온 깐깐한 서울대 출신인 그이 옆에서 애 셋 낳고 함께 살아온 40여 년의 세월은 퍽 힘들었지만 나름대로 보람과 가치가 있었다. 나로 하여금 전략가가 되게 하였으며 강인한 인내자가 되게 하였으며 또한 학문에 집착할 수 있는 지혜로운 여성으로 성장시켜 주었다. 산전, 수전, 공중전까지 다 겪은 역전의 투사는 이제 고요히 홀로 살고 있다.

이 어려운 세월 동안 우리를 지탱해줄 수 있었던 요목들은 예쁘고 총명하게 잘 자라준 우리 애들과 두 사람 다 깊이 빠져들 수 있게 해준 학문이라는 영역의 오묘함이었다.

지금도 그렇지만 그 당시에도 대학에 전임이 된다는 건 참 어려웠다. 애들이 둘이나 제법 다 자라도록 전임이 되지 못한 그이는 어느 날 친정 부모님이 해준, 내가 가진 패물들을 다 꺼내보라고 하면서 반지, 목거리, 팔찌 등을 팔아서 청계천에 시계점포라도 하나 열자고 제의하였다.

그 일은 결국 성사되지 못했으나 그 후 결혼 5년 만인 1969년 12월에 그이는 한양대학교에 전임이 되었다. 그러나 한양대학교 교수 생활도 순조롭지 않았다. 학교의 중앙부처인 기획실에 보직을 맡으면서 그 당시 사립대학이 가지고 있던 부정부패에 맞서며 항거하였기 때문에 조교수에서 부교수로 승진할 수 있는 충분한 조건임에도 불구하고 7년이 넘도록 승진시키지 않는 학교의 처사에 그는 크게 분노하였다.

때마침 부산대학교 사학과에 교수로 계시던 경남고 은사님이신 민성기 교수님이 상경하셔서 부산대학으로 가자고 권유하셨지만 그이는 거절하였다. 아직 서울에서 박사과정 공부를 끝마치지 못했고 한양대학교의 처사에 그냥 물러설 수 없다는 게 이유였다. 그 후 2년여가 더 지나서 민 교수님이 다시 오셔서 부산대학에 와줄 것을 간곡히 권유하심으로 결국 우리는 1979년 9월 부산으로의 가족 대이동이 이루어졌다.

애들은 "모두 서울로 가려고 애쓰는데 왜 우리는 시골로 내려가느냐?"고 불평하였다. "세계를 가슴에 품고, 세계로 뻗어나가야 할 우리들이 한국에서 서울에 사느냐 부산에 사느냐는 조금도 중요하지 않다."는 설득으로 무마시켰다. 이렇게 우리 그이는 가족과 함께 서울에서 지방으로 역이동의 시초를 연 학자가 되었다.

가난하고 자존심 강하고 강직한 그이를 어떻게 하면 부드럽게 변화시킬 수 있을까?

나의 전략적 계획은 결혼 처음부터 시도되었다. 나는 3가지

점에 유의하여 계획의 주안점을 두었다.

첫째 "그 자신이 가진 게 많다고 느끼게 하자."였다. 그는 너무 가난하여 중·고·대학을 모두 고학한 사람이다. 가진 게 있을 리 없다. 새 구두·새 양복·새 바바리코트·새 외투·새 시계, 새 남배 파이프·새 담배쌈지·새 가죽가방 등등 모든 것을 새 것으로 자신의 것을 마련해주기 위해 나는 최선을 다했다. 가난한 신혼의 생활 속에서 나는 거의 나를 위한 쇼핑을 한 일이 없다. 그이의 것을 사주기 위해 노력했다. 그래서 그로 하여금 나는 프롤레타리아가 아니고 또 부르주아는 더욱 아니지만 쁘띠 부르주아(쁘띠쁘로) 정도는 된다는 의식과 감성을 불어넣어 주려고 하였다. 점점 그이의 의식은 변해갔다.

두 번째는 고전음악에 대한 인식과 감성의 증대를 위해 노력했다. 그와 내가 처음 만났을 때 그는 '선창'이나 '돌아가는 삼각지'나 '울고 넘는 박달재' 등 트롯 풍의 흘러간 옛 노래만 알았지 거의 고전음악은 알지 못하고 있었다. 다방에서 만나 모차르트 음악이 나와서 조금만 더 듣고 가자고 하면 '모차르트고 뭐고 시끄럽다. 마 그냥 가자!'고 하는 그이였다. 작은 포터블(portable: 이동식 작은 전축) 축음기를 하나 마련하여 베토벤의 전원 교향곡부터 들려주기 시작했다. 그가 농촌 출신임을 감안해서다.

그리고 그의 기질과 성품으로 봐서 고집 세고 끈질긴 작곡가 베토벤에 대한 이해가 더 빠를 수 있기 때문이었다. 그이는 밤낮 없이 들었다. 늦게 배운 도둑질에 날 새는지 모른다더니, 옛 SP판은 오래 들으면 원래의 원음이 나왔는데, 그야말로 그렇게 다 판이 닳도록 들었다. 운명·영웅·환희 그리고 그 감성적이고 희망적인 7번까지, 베토벤 교향곡을 마스터하였고, 그 다음은 모차르트와 슈베르트로 넘어갔다. 음악에 대한 새로운 인식은 성공적이었다. 그는 온갖 외제 오디오 시스템과 기구들을 다 사다 놓고 갖추려고 노력하였고, 드디어 파가니니는 그이가 가장 즐겨 듣는 바이올린 곡목일 정도로 수준은 향상되었고 정서는 함양되었다.

부산대학으로의 그이의 직장 이동으로 우리가 부산으로 가족 대이동을 한 이후, 서울에 갈 일이 생기면 그는 반드시 유명한 용산상가에 가서 한 번씩 둘러보고 오디오 시스템을 하나씩 하나씩 갖추기 시작했다. 그리고 LP판도 CD도 많이 사오기 시작했다.

우리 집에 오는 사람들은 좁은 집을 가득 메우고 있는 커다란 오디오시스템에 놀라고는 했다. 드디어 그이에 대한 고전음악 취향의 확대 노력은 성공적이었다.

세 번째는 그이의 취미생활의 지평을 넓혀 주고자 하는 계획이었다.

부산으로 이사 온 지 1년쯤 되었을 때였다. 부산대학에 강의를 하기 위하여 정문을 통과하는데 뒤에서 "너 양자 아니냐?" 하는 얘기에 뒤돌아보니 옛날 경남여중 1학년 때의 담임이었던 이억석 선생님이셨다. 나는 그때 반장을 했기 때문에 처음으로 부임해 오신 선생님은 첫 담임반의 반장이므로 아직도 내 이름을 기억한다고 하셨고 부산대학 화학과 교수로 재직하고 계셨다.

그리고 당시 선생님은 부산 애란회 회장으로 계셨다. 이때부터 우리는 난초와 인연을 맺게 되어 난초를 찾으러 산으로 들로 다니고 또 좋은 난초 화분을 구하고 사는 재미와 난초 키우기와 난초 전시회 열기 등등 난초라는 아름다운 식물을 통해 그이의 정서는 더욱 부드럽게 함양되어 갔다. 우리 집 베란다에는 그이의 정성으로 난초 키우는 받침대와 갖가지 난초가 즐비해졌고 때맞추어 예쁜 꽃을 피워주었으니 말이다.

60대 70대 술 담배 다 끊고 음악과 등산과 난초 키우기에 취미를 붙였던 남편은 온화하고 평화로워 보였다. 그이의 만년에 병원에 입원하기 전 우리 집 거실에서 그는 여러 곡의 고전음악을 틀어 놓고 열심히 감상하던, 고전음악에 심취해 있던 그때 그의 마지막 모습들이 가슴 저리게 하면서 지금도 눈에 선하다. 새삼 보고 싶어진다.

나의 전략적 계획은 성공을 거두었지만 그의 자존적 강직성의 성품을 다 변화시키기에는 역부족이었다. 그는 자신이 옳다고 생각하면 절대 지름길이 있어도 그 길로 가지 않고 멀리 돌아서라도 정식으로 갔다. 또한 그는 거의 결백증에 가까운 인간관계를 고집했다.

그의 끈질긴 성품은 중·고 6년과 대학 4년을 합쳐 20년에 걸친 일기 쓰기에서도 볼 수 있다. 고학하던 그 가난함 속에서도 하루도 빠지지 않고, 많은 한문을 섞어가며 철두철미하게 일기를 써 왔었다. 그 낡은 일기장을 그는 퇴직 후 1년여에 걸쳐 컴퓨터 작업을 통해 다 기록을 마쳤다. 이 같은 그이의 이야기 보따리는 결국 그이가 암으로 투병하고 있을 때 책으로 만들어서 많은 선후배, 교수, 친지들을 모셔놓고 해운대의 큰 호텔에서 출판기념회를 가졌었다.

우리 집은 돈은 없지만 공부는 많이 하는 집이다. 특히 중국역사 공부를 하는 것이 특징이다. 게다가 그이는 돈은 없으면서 책 사는 데는 절대 아끼지 않았기에 우리 집에는 만권 이상의 원서가 있다. 중국에서 새 책이 들어오면 서울의 서점아저씨는 제일 먼저 그이한테 전화를 해왔었다. 워낙이 엄마 아빠가 역사 공부만 하고 모든 책이 다 역사책이다 보니 모두 그 공부는 해야만 하는 줄 알고 자란 때문일까?

큰딸이 역사를 전공하겠다고 하기에 그냥 하라고 했다. 큰아들은 공대에 가겠다기에 거기로 보냈고, 둘째 아들이 또 난데없이 역사 공부를 하겠다고 하기에 우리는 말렸다. 못 먹고 산다고…. 그래도 하겠다기에 큰애 보고 너는 공대니까 돈 벌면 동생 좀 도와주도록 하라고 부탁까지 하고 보낼 수밖에 없었다.

그러니 우리 집엔, 사위와 큰아들이 공대 박사지만 그이와 나, 큰딸, 작은아들은 모두 중국사 전공으로 박사를 받은 문학박사다. 우스갯소리로 네 사람이 모이면 중국사 연구회요, 논문을 함께 내어 책을 출판하면 중국사학 잡지가 된다고 하며 웃는다. 또한 특이하게도 며느리 둘은 모두 영문학 석사다. 그중에 둘째는 더 공부해서 치과 의사가 되었다.

우리 집에는 가가(家歌)가 있는데, 그 제목이 "의지와 공부 그리고 정직이다."

"날이 새도 의지! 해가 져도 의지! 날이 새도 공부! 해가 져도 정직! 의지가 최고야! 정직이 최고야!" 그것이다. 그이만 빼고 우리 모두 함께 노래 부르며 박장대소를 하곤 했었다.

다행히 자식들이 모두 자기가 앉을 자리들을 다 차지하고 사회발전의 일익을 담당하고 있으니 큰 부자는 아니라도 흐뭇한 마음으로 우리 부부는 노년을 보내고 있었다. 또한 미국과 중국에서 박사를 딴 두 아들이 외국에 남지 않고 모국으로 돌아와 우리 곁에 와서 살아주었기에 더더욱 고마웠다.

어디 싸우지 않는 부부가 있으며 또 Power game 하지 않는 부부가 있을까 마는 44년을 넘게 티격태격하면서 살아온 긴 세월은 이젠 넘을 수 없는 사랑의 탑이 되었다.

퇴직 후에도 두 사람 다 그 많은 책속에 둘러싸여 번역도 하고 책도 쓰고 할 수 있어서 참 좋았다. 사람이 나이 들어도 70

대 후반까지는 공부하는 것이 가능하다는 것을 절감할 수 있어서 즐거웠다. 그리고 그의 올곧은 정직성과 순수성 때문에 인간 자체에 대해 실망하지 않고 그를 신뢰할 수 있었음도 고마운 점이었다. 그러나 그이는 무엇이 그리 급했을까? 아직도 창창했던 76세의 나이로 식도암이라는 병을 얻어 우리를 두고 먼저 저세상으로 떠나버렸다. 더 잘 할 걸. 더 술을 못 마시게 할 걸. 더 멋진 추억들을 만들 걸. 걸걸걸…. 천지로 가슴이 아프다.

나의 명정(酩酊) 이야기

언제나 술은 변함없이 나의 가장 가까운 친구다.

술은 잘 마시면 약이요, 못 마시면 독이고 개망신감이다. 인간 의지가 굳지 못하면 술의 노예가 되기 마련이고, 자신의 주량은 실은 언제나 자신만이 잘 안다는데, 그래도 자신도 모르게 술한테 넘어가서 필름이 끊기고 나면 다음 날의 모습은 한심 그 자체다.

나의 명정 스토리도 가지가지다. 명정(酩酊)이란 말은 정신을 차릴 수 없을 정도의 만취상태를 이르는 말이다. 수주 변영로 선생의 『명정 40년』이란 수필집은 참으로 유명하며 얼마나 재미있게 읽었던가. 그래서 그걸 본 따 나의 술 이야기를 한번 해 볼 참이다.

내가 술을 먹기 시작한 것은 24살 때 남편 될 사람을 만나고 나서부터이다.

대학원 시절 도서관에서 공부하고 집으로 가다가 교문을 나서는데 그 앞에서 둘은 우연히 만났고, 겁 없이 누가 술이 센지 시합을 한번 하자고 의기투합하기에 이르렀다.

근처 통닭집으로 가서 정종을 먹기 시작하면서 일은 벌어지기 시작했다.

근데 사실 나는 주량이 세지도 않았고 술을 많이 먹어보지는 않았지만 아버지 어머니가 다 술을 잘 하시니까 술이 체질에는 맞았을 뿐이다 .

그런데 나는 술고래였던 그를 몰라보고 감히 도전장을 내민 격이었다.

범 무서운 줄 모르는 하룻강아지처럼 설레발을 쳤으니, 그날 나는 오지게 취해서 겨우 집에 돌아갈 수 있었다. 그것이 인연이 되어 둘은 빠른 속도로 사귀게 되었고 나는 바야흐로 술쟁이가 되기 시작했다.

결혼을 하고 난 뒤 젊은 시절, 남편이 술자리 때문에 늦게 귀가하는 날이면 나는 으레 소주 반병 이상을 빈속에 혼자 마시고 기다렸다. 주사(酒邪)가 심한 남편에게 나의 주사로 맞불을 놓기 위해서였다. 사실 말이지 술 먹고 밤새 난리치는 엄마 아빠를 보는 우리 아이들은 과연 어떠했을 것인가. 지금도 미안하게 생각하고 있다.

아이 셋을 낳을 때까지 임신 중에도 술을 마신 것으로 기억하고 있으니 억장이 무너질 일이다. 요행히도 애들 발육엔 이상이 없었지만 막내는 지금도 '엄마가 조금만 술을 덜 마셨어도 나는 천재가 되었을 것'이라고 구시렁거린다. 사실이지 그때는 임신 중 술은 절대 금물이라는 얘기도, 뉴스도 없었다.

주위에서 그런 말을 들어보지도 못했으니 어찌 할 것인가. 벌써 50여 년 전 이야기다.

한번은 미국서 몇 년 만에 한국에 나온 의사 남동생을 만나 반가운 김에 맥주, 양주, 소주를 짬뽕하며 주거니 받거니 했는데, 그 다음 날은 멈추지 않는 구토증으로 응급실에 실려 갔다. 어떻게 왔느냐고 묻는 의사 말에 이불과 세숫대야까지 들고 따라온 남편도, 아이들도 아무 말 없이 묵묵부답인데 본인이 술병이라고 실토를 하고 주사 한대를 맞고 나니 그 지독한 구토증이 멎었던 일이 있다.

또 한 번은 정초에 대학원 시절 은사 고병익 교수님 댁을 방문했는데 나는 고등학교 교사로서 일직을 서다가 바로 갔으니 빈속인 처지에 대나무 술, 바나나 술, 10년산 양주, 시바스 리갈 등등 교수님이 주시는 족족 홀짝 홀짝 다 받아 마시고 그냥 뻗어버렸다.

교수님 부부께서는 밤새 인삼을 달이시는 등 나의 토증을 가라앉히시려 노력하셨고…. 남편과는 밤새 선생님 댁 화장실을 들랑거리며 밤을 새워야 했던 일도 있었다. 학계에 소문도 널리 났었다.

놀라운 것은 나의 이 명정(酩酊: 대취상태) 사태에는 늘 빠지지 않고 남편이 옆에 함께 있었다는 사실이다. 다른 것은 민주화되지 않았어도 술 마시는 건 민주화되었으니 말이다.

노랗게 세상이, 천장이 빙빙 돌며 토하는 상태…. 위 속의 모든 것, 똥물까지 토해놓는 지경은 안 당해 보면 모른다. 그런데 그 상황에서 응급실에 실려 가서 주사 한대 맞으면 멈추는 것도 신통하였다. 그러고는 며칠 후면 그런 해프닝을 깡그리 잊어버리고 또 술잔을 기울였으니….

게다가 또 한 가지 재미있는 사실은 우리 애들 셋은 모두 부모를 닮아서 술이 주객인데 들어온 식구들인, 사위와 두 며느리는 술을 못 마신다. 막내며느리는 맥주 한잔을 먹은 뒤에 응급실행이었으니…. 가족 모임에서 한잔하고 토론하다 보면 그와 나와 아들딸만 끝까지 남아 있다.

이제 나이 팔순은 넘었는데…. 그동안에 나는 병원 응급실엔 서너 번 갔고, 경찰서엔 두어 번 갔다. 그리고 나의 술 짝지(짝궁) 남편도 먼저 떠나가고 황혼이지는 어스름 저녁이 되면 혼자서 혼술을 마신다.

그런데 혼술 하기를 5년여 지난 뒤 이젠 많이 마시면 식도가 싸~해지고 통증도 있기에 거의 주량은 줄었으며 절주를 하고 있다. 이제 나의 명정 50년도 저물어가는 것 같다.

그래도 한두 잔 반주하면서 즐기는 기분, 이 좋은 기분을 포기할 수는 없다.

그럼 나는 왜 술을 마시는가.

술기운이 온몸으로 짜릿하게 퍼지면 기분이 업~되면서 긴장되었던 근육이 풀리기 때문이다. 그뿐인가, 약간의 취기가 온갖 아이디어를 떠오르게 한다. 한편으로는 울고 싶어지고 애틋한 추억에 젖어 센티멘털해진다. 멋지진 않지만 시상이 마구 떠오르기도 한다. 좋아하는 음악이 더 감미로워 지고 세상사 모두 로맨틱해진다. 저 달이, 다가온 가을이 더 애잔하게 느껴진다.

그러니 이 모진 세상에 술 한 잔 아니 하고 무슨 맛으로 살아갈 것인가.

술은 세상에 둘도 없는 나의 영원한 친구였다. 이제 그 친구와도 작별이다.

44주년 결혼기념일 날

애들이 부산대병원 731호실에 모두 모였다. 수원에서 큰애 식구는 꽃을 사들고 어제 내려왔다. 오늘 낮에 딸네가 창원에서 오고 작은애 식구는 케이크를 사가지고 이어서 도착했다.

케이크에 불을 켜고 아버지 침대 곁으로 12명이 모두 모여섰다.

한참 분위기를 가다듬고 나는 만들어 놓은 감사패를 들었다. 그리고 읽기 시작했다.

"감사패. 여민 김종원 교수. 당신은 가정에서도…."

더 이상 눈물이 나서 읽을 수가 없었다. 딸애에게 읽으라 했다.

"학문생활에서도 사회생활에서도…."

더 이상 딸애도 읽지를 못하고 둘째 며느리한테로 넘긴다.

둘째는 아예 우느라 읽을 수가 없다.

다시 딸애한테로 옮겨졌지만 눈시울이 뜨거워 읽지를 못한다.

큰며늘애가 떨리는 목소리로 읽어내려 갔다.

당신은 가정에서도 학문생활에서도 사회생활에서도
언제나 정직하고 강직하고 투명한 분이셨습니다.
이는 우리 가족에게는 물론 모든 이에게 모범이 되시기에
감사와 존경의 마음을 표하고자 합니다.
결혼 44주년을 맞이하여 당신의 크나큰 노고와 올곧은 삶을
치하함과 동시에 우리 가족과 저의 깊은 감사의 마음을
전하고자 이 패를 드립니다.
수고하셨습니다! 감사합니다! 사랑합니다!

\- 아내와 가족 일동 드림

모두가 울었다. 그이는 가만히 눈을 감았다.

촛불을 끄고 케이크를 잘랐다. 이렇게 2009년 4월 12일 우리의 44주년 결혼기념일을 축하했다.

그랬더니 그이는 엄마한테는 왜 안 만들어드리느냐고 해서 한 달 후인 그해 어버이날에 나는 감사패를 받았다.

감사패

운경 이양자 교수

어머니! 당신은 가정에서도, 학교에서도, 사회에서도 풍부한 유머 감각과 끊임없는 긍정적 태도, 그리고 열정적인 추진력으

로 모든 사람에게 희망과 기쁨과 용기를 안겨 주셨습니다.
또한 어머님은 숱한 고난과 난관에 직면하시고서도 그 어려움에 굴하지 않고 자신의 꿈을 향해 매진하셨을 뿐만 아니라 화목하고 아름다운 가정을 일구어 내셨습니다.
특히 남편에게는 존경과 사랑으로, 자식들에게는 자애와 정성으로 대하며, 아내로서 어머니로서 그 누구보다도 자신의 자리에서 최선을 다하셨기에 그 높은 뜻을 기리고자 이 감사패를 드립니다.
어머니! 수고하셨습니다! 감사합니다! 사랑합니다!
늘 건강하시고 행복한 마음 가득하시길 빕니다.

- 2009년 5월 8일 어버이날에

그이만 건강하면 아무런 걱정도 없는 우리 집인데….

그이는 그리고 두 달 후 이 세상을 떠났다 2009년 5월 30일. 76세의 나이였다.

1964년 대학원에서 만나 그해 가을에 약혼을 하고 1965년 3월에 결혼했으니 그와의 인연은 45년 간이었다.

그이는 2006년부터 어지러움증이 있으며 걸음걸이가 똑바르지 못하다고 했다.

바로 그해 8월 나는 정년퇴임을 했고, 9월에 어렵게 서울대학교 병원에 예약을 하고 입원하여 종합 검진에 들어갔다. MRI 결과는 소뇌 위축증이었다 서울로 다니며 치료를 했다. 그런데 2008년부터 소화가 잘 안 된다 하여 근처 가까운 병원에 치료를 받다가 다시 서울의 큰 병원에서 정밀 검사를 해보니 식도암이었다. 놀랍게도 시작이 아니고 퍼지고 있는 상태였다.

소뇌 위축증에 신경을 너무 쓰느라고 소화불량에 대해서는 다소 등한한 바가 있었으며 집근처 내과 병원의사의 철저하지 못한 신단과 대처도 문제가 되었다.

그 후 그이는 서울에 가기를 마다하고 부산대학교 병원에 입원을 했다. 항암약으로 시작하고 입 퇴원을 거듭하면서 나중에는 항암치료까지 들어갔다.

우리 가족은 그이를 기쁘게 해줄 수 있는 여러 가지 일들을 마련하려고 노력했다. 『여민의 청춘일지』라는 그이의 일기를 책으로 출판하고 가족 공동 논문집인 『중국 근현대 주요 인물 연구1』라는 책을 출간하여 여러 선후배를 초청하고 성대하게 호텔에서 출판기념회를 열었다. 그리고 크리스털로 만든 감사패를 그이에게 증정하며 온 가족이 눈물바다를 이루었던 이야기가 바로 위의 글이다.

하지만 가족의 염원에도 결국 몇 년은커녕 몇 개월도 더 넘기지 못하고 그는 이 세상을 떠나고 말았다.

그 이후 그에 대한 그리움의 끝자락을 잡고서 그와의 마지막 추억을 책으로 펴내고자 하였으니 『조선후기 대외관계연구』다

부부 사학자가 공동 저술한 『조선후기 대외관계연구』라는 책

이 출간돼 화제다. 수개월 전 암투병중인 남편을 위로하기 위해 학문적동지로서 평생을 함께해온 아내의 제의로 공동저서가 기획됐고, 끝내 출판을 보지 못하고 먼저 세상을 뜬 남편의 영전에 바쳐진 이 책은 후학들의 학문적 유익한 지침서라는 점 외에도 아내의 지극한 사랑이 담긴 의미 있는 연구서라는 점에서 가슴 뭉클한 책이다.

또한 이번에 함께 출간된『중국 근현대 주요인물연구II』도 투병중인 남편을 위로하기 위해, 사학자로 같은 길을 걷고 있는 두 자녀와 함께 가족이 공동으로 펴낸 두 번째 가족공동논문집이다.

부산 여성신문에 실린 책 서평 중 한 대목이다

이 부부 공동저서는 우리 두 사람이 인생의 만남, 학문의 만남을 시작한 지 45주년이 되는 2009년 10월 24일 약혼 기념일에 맞추어 출판하였다. 그리고 이 책을 삼가 고인의 영전에 바쳤다.

『조선 후기 대외관계 연구』 저자 후기

다음 글은 김종원과 이양자가 함께 낸 공동 저서인 『조선 후기 대외관계 연구』라는 책에 올린 저자 후기로서 필자가 쓴 글이다.

힘겹게 암과 투병생활을 하며 병석에 누워 있는 그이를 위로하기 위한 한 방법으로 필자는 우리의 공동 저서 출판을 제안했다.

그는 모든 일에 신중하였으며 논문을 발표할 때도 언제나 절차탁마(切磋琢磨)의 자세를 절대 늦추지 않는 사람이었다.

그런데 그는 그 의미를 아는지 아무 말 없이 쉽게 그러자고 조용히 머리를 끄덕였고 필자는 병원의 침대 곁에 앉아 컴퓨터로 급히 한울출판사에 출간제안서를 보냈다. 곧이어 출판사에서 제안서를 보낸 지 이틀 만에 승낙 메일이 왔다. 그리고 김종원 교수의 병세가 악화되고 있기 때문에 가급적 빠른 시일 내에 출간을 희망하는 필자의 요청에 출판사는 사태의 심각함을 알아채었는지 두 말 없이 그러자는 약속을 전해왔다.

하지만 그러한 노력도 헛되게 그는 그 후 열흘을 더 넘기지 못하고 갑자기 우리 곁을 떠나갔다. 너무나 안타깝게도 병마에 지친 그이는 더 이상 기다려 주지 못하고 그리도 급히 떠나버렸던 것이다. 결국 이 책은 그의 유고집이 되었다.

돌아보니 그와 함께한 45년의 세월이 눈 깜작할 사이에 지나가 버린 것처럼 느껴진다. 남편인 김종원 교수와 아내인 필자는 인생의 역정을 함께한 반려자이면서 시대의 모진 풍파를 함께 이겨낸 역전의 전우였으며 또한 서로에게 때로는 힘을 주고 또 때로는 모진 자극을 주는 학문적 동지였다.

그와 필자가 만난 것은 1964년 봄이었다. 그는 문리대 출신이고 필자는 사범대 출신이어서 학부시절에는 전혀 모르는 사이였지만 대학원 동양사전공에 진학하여 함께 강의를 들으면서 서로 알게 되었다. 그러나 곧 군사정권의 한일회담에 반대하는 학생들의 6・3시위로 비상계엄령이 내려지면서 대학은 문을 닫았고 정문에는 탱크가 진주했다. 그러는 사이 그는 서울대 도서관 임시직원으로 일하고 있어서 책을 빌린다는 명목으로 자주 만나면서 두 사람은 서서히 사랑의 씨앗을 틔워 나갔다.

그해 가을 두 사람은 친지와 여러 선생님들을 모시고 서울 충무로에 있는 아서원이란 중국음식점에서 약혼식을 올렸다. 사범대학 때의 은사선생님이신 채희순 선생님 내외분, 김성근 선생님, 대학원 때의 은사님이신 동빈 김상기 선생님 내외분, 우호 전해종 선생님 내외분, 고병익 선생님 내외분과 윤남한 선생님 내외분이 모두 참석하셨다.

그리고 사회자는 중앙대학교의 권석봉 선생님이었다. 그러니까 동양사학계의 태두 되시는 분들이 모두 참석하여 마치 동양사학회 모임 같았던 성대한 약혼식이었다. 약혼 전에 친정 부모님은 우리들의 지도 교수이셨던 전해종 교수님을 문리대 동부연구실로 찾아뵙고 정중히 인사드렸던 일이 마치 엊그제 같다.

이 중 많은 분들이 타계하셨고 이 가운데 상대적으로 젊은 그이도 그분들의 뒤를 이어 더 이상 이 세상에서는 볼 수 없게 되었다.

우리 가족은 그이를 기쁘게 해줄 수 있는 여러 가지 일들을 마련하려고 노력했다. 『여민의 청춘일지』라는 그이의 일기를 책으로 출판하고, 또 그이와 나, 아들, 딸이 사학 전공이므로 가족 공동 논문집인 『중국 근현대 주요 인물 연구』라는 책을 출간하여 성대하게 출판기념회를 열었다. 그리고 투명하고 강직한 그이의 삶을 치하한 사랑의 감사패를 그이에게 증정하며 온 가족이 눈물바다를 이루기도 했다.

그리고 필자는 김종원 교수가 한창 치료를 받고 있을 때 그에게 이렇게 말한 적이 있었다.

"여보, 누구나 이 세상에 영원히 살지는 않습니다. 우리는 단지 얼마 더 살고 얼마 더 못 살고 할 뿐이지만…. 그것도 장대하고 먼 우주의 시간에 비해보면 아주 짧은 세월에 불과합니다.

이 세상에 태어난 사람 치고 이 지구상에서 영원히 살아남은 자는 없습니다. 우리 모두는 앞서거나 뒤서거니 하면서 언젠가는 다 떠날 것입니다. 살아 있는 동안 서로 행복하게 즐겁게 살아가십시다. 병 때문에 삶의 질이 망가지지 않고 이렇게라도 작은 평안과 작은 행복 속에 우리 보람 있고 감동 있게 살아가십시다.

나는 이 힘들고 가슴 아프고 고통스런 세월 동안 우리 함께 인간이 해낼 수 있는 한의 모든 감사와 행복과 감동을 만들어 낼 것을 다짐합니다. 여보! 힘내세요~!"

얘기하고 있는 동안에 나도 모르게 눈물이 하염없이 쏟아져 내렸다.

그이도 손을 맞잡으며 눈물이 그렁한 눈으로 "그러자."고 말했다. 그렇지만 얼마나 그는 이런 말이 듣기 싫었을까?

지금 생각하면 아무 쓸데없는 말이었다.

그러나 필자는 '그래 지금부터 우리는 앞으로 남은 몇 년 동안 행복과 감동의 신화를 만드는 거다!' 하고 결심하였다. 하지만 가족의 염원에도 결국 몇 년은커녕 10개월도 더 넘기지 못하고 그는 이 세상을 떠나고 말았다. 이제 그에 대한 그리움의 끝자락을 잡고서 이렇게 그와의 마지막 추억을 책으로 펴내고자 하는 것이다.

오늘은 바람이 불고
나의 마음은 울고 있다
일찌기 그대와 거닐고 바라보던
그 하늘 아래 거리언마는
아무리 찾으려 해도 없는 얼굴이여
바람 센 오늘은 더욱더 그리워
진종일 헛되이 나의 마음은
공중의 깃발처럼 울고만 있나니
오오,
그대는 어드메 꽃같이 숨었느뇨.

유치환의 시 구절로 이 글을 마무리하고자 한다.

원양동재(元陽東齋)*에서 이양자 씀

*종원과 양자의 동녘 서재: 결혼 초부터 둘은 이름 중 원과 양을 따서 우리들의 서재에 원양동재라는 이름을 붙였다.

동반자적 사랑

열정적인 사랑은 6개월에서 길어야 30개월을 넘지 못한다. 그러나 어느 정도 길게 유지시키는 방법이 있기는 하다. 그것은 약간의 변화를 주는 것이다.

가령 고급 레스토랑에 모셔 간다든가 생일날 꽃 배달을 하여 놀라게 해주는 것 등 이벤트적인 행사의 좋은 방법 등이다. 또 약간의 훼방꾼이나 장애가 있으면 보다 오랫동안 지속될 수 있다.

몬타규가와 캐퓰렛가의 반대는 로미오와 줄리엣의 열정에 부채질을 했다. 하지만 이러한 방법을 쓰더라도 열정적인 사랑을 계속 유지할 수는 없는 것이다.

이에 반해 친밀과 책임에 바탕을 둔 동반자적인 사랑은 시간이 지날수록 강렬해져서 평생 동안 지속될 수 있다. 오랫동안의 결혼생활을 유지시켜주는 것이 바로 동반자적인 사랑이다.

동반자적인 사랑은 우리의 삶과 밀접하게 관련되어 있는 사람에게 느끼는 감정이다. 이것은 보다 현실적인 것이며, 따라서 신뢰와 보호, 인내를 요구한다. 서로가 같은 방향을 설정하고 같은 길을 걸어간다는 사실은 매우 중요한 요소가 될 수가 있다.

이 동반자적인 사랑의 감정은 온화함이며 공동 목표를 향한 이성의 힘이 함께 할 수 있다. 동반자적인 사랑은 두 사람이 만족스런 관계를 유지해 가면서 천천히 더 깊이 발전시키는 것이다. 이것은 동등한 관계이며, 그 관계가 오래 지속될 수 있는 기초를 제공해 준다.

그러면, 왜 열정적인 사랑은 동반자적인 사랑으로 변할 수밖에 없을까.

사랑의 초기에는 격렬하다가도 나중에는 왜 그런 열정이 없어질까. 사랑이 식어서일까. 심리학자들에 의하면 정답은 '그렇지 않다'라고 한다. 시간이 지날수록 상대에 대한 고귀함이나 환상은 깨지게 된다.

이상적인 사람으로 생각했던 상대는 역시 불완전한 인간이라는 사실에 맞닥뜨리게 된다. 그리하여 두 사람의 상호관계는 일상적인 것으로 되어가고, 격렬한 감정에 휩싸였던 생활은 점차 안정되게 된다.

또 시간이 지날수록 서로 의존적으로 되어간다. 오래된 커플들은 지금껏 그들의 감정을 잘 조절해 왔기 때문에 강한 감정을 나타내는 일은 드물다. 눈빛만 봐도 상대의 마음을 알 수 있기 때문이다.

그러나 그렇다 하여 사랑이 식었다든가 격렬한 감정이 사라져 버린 것은 아니다. 눈에 띄지는 않지만 더 큰 감정으로 잠재되어 있는 것이다. 잠재된 감정은 가끔씩 폭발한다.

파트너가 멀리 여행을 하든가 출장을 가 서로 떨어지게 되면 강한 외로움을 경험하게 된다. 만나 사랑한 지 오래 되었으나 부득이 헤어져야만 하는 커플의 경우에는 이전에 경험하지 못한 강렬한 감정이 찾아온다.

또 상대가 다른 사람을 만나고 있을 때 느끼는 질투 또한 잠재되어 있는 격렬한 감정인 것이다. 질투는 관계의 붕괴에 대한 두려움과 자존심 손상으로 인한 분노가 섞여 있는 것이라고 할 수 있는데, 상대방에 대한 의존 정도가 크고 그런 위협을 심각한 것으로 받아들이면 질투는 최고에 달하게 된다.

어느 날씨 좋은 오후 공원에서 손을 맞잡고 걷는 노부부의 뒷모습을 본 적이 있을 것이다. 그분들의 얼굴표정은 어떠할까.

아마 온화함일 것이다. 수많은 격정과 풍랑을 거치고 난 다음 사랑의 최종 목적지가 바로 동반자적인 사랑인 것이다.

여기에 한 가지를 더 보탠다면 두 사람이 같은 목적을 가지고 같은 길을 걸어가면서 느끼게 되는 동반자적 사랑이다. 나의 경우는 적어도 그렇다. 같은 학문을 하면서 만났고 같은 공부를 하면서 친해졌고 같은 공부를 하면서 서로 타박하고 시샘하고 노력하고 협조하고 하면서 떨어질 수도 헤어질 수도 없는 관계를 유지하게 된다. 각자의 공부에 최선을 다하면서 관계의 위기를 넘길 수 있었다

결국 같이 학문을 한다는 사실이 오랜 결혼생활을 유지시켜 주는 동력이 되었고 격정, 풍랑을 거친 사랑의 최종 목적지까지 무사히 도착할 수 있었다.

그리고 서로가 서로의 인간 자체에 실망하지 않았다는 큰 명제도 함께 큰 역할을 하였음을 상기한다.

그이가 쓴 책을 찾아보면 제목은 『근세동아시아 관계사 연구』이다. 1990년대 말 혜안에서 출판된 그의 박사 논문 책이다.

책머리에 쓴 글 중에서 끝자락에다 그이는 "어려운 살림을 맡아서 갖은 고생을 하면서도 크게 원망하는 빛을 보이지 않고 동학으로서 격려와 후원을 아끼지 않은 처 이양자 교수에게 고마운 뜻을 전한다."라고 썼다

그리고 내가 쓴 책을 찾아보면 제목은 『송경령 연구(정치 사회활동과 그 사상)』이다.

1990년대 말 일조각에서 출판된 나의 박사 학위 논문 책이다. 책머리에 내가 쓴 글 중에서 '항상 엄한 학문적 채찍으로 격려를 아끼지 않았으며, 말없이 깊은 사랑으로 묵묵히 지켜봐 주며 도움을 준 남편 김종원 교수에게 나의 깊은 고마움과 사랑을

함께 전한다'라고 썼다

이렇게 우리는 여러 어려움 속에서도 그 모든 걸 이겨내면서 학문의 길로 매진했고 탄탄한 가정을 만들어서 아들 딸 낳아 잘 키워 우리 두 사람의 동학으로서의 학문후세대까지 이어가게 했다.

100세시대인 오늘날인데도 그이는 먼저 내 곁을 떠났다.

이제 와서 나는 작가 미상의 시를 패러디하여 이렇게 써본다.

필연

우연히
사랑하게 되었다고 말하지 말라
우리들은 학문에 대한 동일한 꿈으로 가득 차 있었다

우연히
결혼하게 되었다고 말하지 말라
우리는 서로 동지적 결합으로 사랑하고 있었다

우연히
함께 학자의 길로 갔다고 말하지 말라
학문에 대한 우리 두 사람의 욕망은 늘 한결 같았다.

우연히
행복하게 되었다고 말하지 말라
우리 마음속엔 정직과 의지와 노력이 늘 함께하고 있었다.

나의 길 나의 학문을 회고하며

이제 2023년 올해로써 내 나이가 어언 83세, 8월이면 정년 퇴직한지 만 17년이 된다.

십 수 년 전 동양사학회로부터 「나의 길 나의 학문을 회고하며」라는 제목의 글에 대한 원고청탁을 받고 나름 작성을 해 보냈지만, 동양사학회 측은 동양사 전공 선생님들의 원고가 많이 들어오지 않아서 결국 책으로는 만들지 못했다는 연락을 받았던 글이다. 그래서 이 글은 동양사학회 측이 요청한 설문 내용에 따라 글을 쓴 것임을 밝혀둔다. 블로그에 올려두었든 글이 이제 쓰임을 받는 셈이다.

나는 퇴직하기 전인 2005년 봄에 대학 신입생들에게 첫 강의 시간에 들어가 "반갑습니다. 여러분! 저에게도 여러분들과 같은

Freshman 시절이 있었습니다. 저는 59학번입니다." 하고 소개했더니 순간, 수십 명의 학생들의 표정이 이지러지며 아무런 소리 반응이 없었다.

05나 06학번이 어찌 46년여나 선배가 되는 59학번 인생 선배를 감정적으로나 숫자적으로나 이해할 수 있을 것인가!

그렇게 세월은 흘렀고 눈알이 돌아갈 만큼 빠른 숱한 시대적 변화를 거쳐 오늘에 이르렀으니 나름대로 감개가 무량하지 않을 수 없다.

이제 본론에 들어가서 나는 왜 사학을 그것도 중국사를 전공하게 되었는지를 얘기해 보아야겠다.

원래 내가 좋아한 과목은 영어와 음악이었다. 음악은 피아노부터 시작하여 성악레슨도 받았는데, 작곡과에 가고 싶었으나 작곡이란 능력의 한계를 느낄 때 빠져나갈 길이 없다는 음악선생님의 충고로 포기하였고 영문과는 친정 부친 때문에 포기하지 않을 수 없었다.

내가 대학 들어갈 시절인 1959~60년도는 동·서간에 미소냉전이 한창 불을 튀기고 있을 때였으며, 우리나라는 지금처럼 남북으로 분단되어 있었고 중국은 죽의 장막 속에 갇혀 있었다. 그러므로 부친은 어떠한 세상, 설령 공산주의 세상이 되어도 살아남을 수 있는 전공 학과는 역사과나 음악과나 중국어과라고 하시면서 딸자식이 시세를 타는 큰 인물이라도 되리라 생각하셨는지 학과 중 삼자택일을 권하셨던 것이다.

음악은 이미 포기했고, 중국어과는 부친의 미래 전망적 비전과는 달리, 나의 판단으로는 그 당시 거의 알려지지 않은 미미한 상태의 학과였으므로 당연히 역사과를 선택하게 되었다. 사실 부친 말씀처럼 중어중문학과를 선택했다면 훨씬 수월하게 교수가 되었으리라 생각하면서 부친의 선견지명에 지금도 놀란다. 나는 역사 중에서도 서양사를 전공하리라 마음먹고 사학과에 진학하였다. 그것도 여자가 혼자 살아도 먹고 살 수 있는 길은 교사가 되는 길이라는 부친의 충고에 따라 사범대학을 선택하게 된 것이다.

그 당시 서울대 문리대(文理大)는 제2외국어 시험이 있었으므로 나는 독일어를 경남고 독어선생님으로부터 개인 교수까지 받아가며 문리대 진학을 준비했으나 결국 사범대로 진학하게 되었다. 대학 4년간 학교 성적도 좋았고 교사자격증도 따고 하여 졸업하자마자 영등포여중에 바로 취직을 하였지만 깊이 있는 학문적 연구에 늘 목말라하고 또 자격지심을 가지고 있던 사범대생인 필자의 두 번째 목표는 일반대학원 사학과에 진학하여 열심히 공부하는 것이었다.

1963년 봄 졸업과 함께 서울의 영등포 여자중학교에 발령을 받음과 동시에 서울대 일반대학원 사학과 동양사 전공에 합격하였다. 나는 대학원 진학을 위해 근 1년간 안동출신 한학자 분께 한문을 배웠으며 일본어도 학원에 다니면서 익히면서 매우 열성적이었다. 그랬으므로 여중교사로 취직된 지 몇 개월 만에 과감히 사표를 냈다.

오늘로 보면 참 대담한 짓이었는데, 그러나 그 당시 나의 어린 생각으로는 대학원 공부를 하면서 도저히 교사생활을 양립할 수 없다는 생각 때문에 발령난 학교에 몇 달만 다니고 사표를 제출하였던 것이다. 그때 주월령 영등포여중고 교장선생님은 여자 분이셨는데 "교사생활을 하면서 충분히 대학원 공부를 할 수 있는데 왜 사표를 내느냐?"고 하시며 간곡히 만류하였던 생각이 난다.

내가 대학원에서 서양사가 아닌 동양(중국)사를 택한 이유는 중국과 한문에 대한 새로운 인식 때문이었다. 중국사 전공에 필요한 외국어는 한문과 일본어와 영어면 되지만 서양사 전공에 필요한 외국어로는 영어만으로는 부족했고 독어, 불어 심지어 라틴어 정도는 능숙해야 한다는 강박관념도 있었다. 참으로 꿈은 대단했던 시절이었다.

동양사 전공을 택하고 보니 교수님도 훌륭한 분이 많이 계셔서 매우 흡족해하며 2년 동안 열심히 대학원엘 다녔다. 동빈 김상기 선생님, 우호 전해종 선생님, 그리고 녹촌 고병익 선생님…. 대학원 시절 은사님에 대한 기억은 너무나 생생하다.

그때 대학원 동양사 전공은 나 한 사람이었고 한국사 전공학생은 서울대의 최승희씨, 이미 고인이 된 송찬식씨, 그리고 국사편찬위원장직을 역임한 숙대교수가 된 이만열씨 등이었다.

동빈 선생님께서는 언제나 약주를 한잔하시고 들어오셨는데 한문 원전강독을 아주 열정적으로 해주셨다. 옛날 서울대 본부와 문리대 건물이 있던 이화동의 뒷산, 낙산을 배경으로 열심히 강의해주시던 그 짱짱하시던 모습이 지금도 눈에 서언하다.

그리고 전해종 선생님께서는 유교(Confucianism)에 대한 강의를 해주셨는데 미국에 다녀오신 바로 이후라서 영어원전을 읽어와 발표하는 학생들에게 일일이 발음까지 체크해주시면서 말과 말 사이가 뜨면서도 또박또박 열강해주시던 그 기억을 잊어버릴 수가 없다.

그리고 고병익 선생님. 당시 독일 뮌헨에서 돌아오신 지 그렇게 오래되지 않은 시점이어서인지 아니면 워낙 그러한 모습과 성품 때문인지 독일적인 풍모를 많이 가지고 계시다고 생각했었다. 책의 저자는 잊어버렸는데 『중국의 인구』에 대한 영어원본을 읽어가서 발표하는 강의시간이었다. 그 해 대학원 동양사 전공에는 나 혼자였기 때문에 전공과목은 늘 혼자 들었고 필수 과목은 한국사 전공자들과 함께 들었다. 나는 중국 인구에 대해 발표를 끝냈는데, 고병익 선생님의 반응이 특이하셨다. 양다리를 흔드시고 미소를 지으시며 이빨을 딱딱딱 마주치시면서 본래의 그 시니컬하신 모습으로 "그래? 그렇게 갑자기 인구가 늘어나

버렸어?" 하시는 것이었다. 아마 영어식 숫자를 내가 잘못 해석하고 읽어서 한 단위를 높여서 발표한 모양이었다. 그리고서는 마주보며 서로 한참 웃은 일이 지금도 생생하다.

공부에만 전념하겠다는 생각으로 사표를 던졌지만 서울대학교 일반 대학원 공부는 생각보다 쉬운 일이 아니었다. 그 당시는 서울대 대학원의 합격도 어려웠지만 대학원 공부는 더욱 힘들었다. 사범대학 공부는 넓게 얕게 배우는 경향이라면 대학원 공부는 사료 중심으로 깊게 파고들어야 했다. 매일 요일 감각 속에 정신없이 공부하며 지낸 시절이었다.

대학원에서의 지도교수는 전해종 선생님이셨기에 한중관계사를 하게 되어 '원세개의 재한 중의 활동'에 대해 석사학위 논문을 썼다. 이런 와중에 같은 동양사 전공자로서 대학원에서 만나게 된 김종원 씨와 결혼을 하게 되었으니 나의 동양사 선택은 전공학문 선택의 길잡이였을 뿐 아니라 인생의 길잡이 노릇을 한 셈이다. 뿐만 아니라 세 명의 자식 중 두 명이 다시 동양사 전공을 하게 되었으니 동양사와의 인연은 나와는 아주 묘하고 큰 것이었다.

대학원 졸업과 함께 결혼을 하였으므로 당분간 공부는 뒷전이 되고 애 셋 낳아서 키우며 가난한 무급 조교, 시간 강사 남편 뒷바라지에 6년의 세월이 흘렀다. 그 후 남편이 한양대 전임교수가 되고 나는 다시 고등학교 강단에 서서 전임교사를 하면서 틈틈이 대학 강단에 시간강사로도 설 수 있었다. 마음속엔 늘 원세개의 10년간에 걸친 조선에서의 횡포에 잡혀있었다. 정치적 간섭, 외교적 간섭, 경제적 간섭 등에 마음을 기울이고 있었다.

그러는 사이 우리 식구 다섯 명은 아빠 김종원 교수의 한양대학에서 부산대학으로의 이동으로 가족 대이동을 하여 부산에 정착하게 되었다. 그 당시 전해종 선생님과 최문형 선생님이 직접 집으로 찾아오셔서 서울을 떠나지 말라고 만류하시던 생각이 난다. 우리 애들도 반대했었다. 모두 서울로 올라오려고 하는 그 시대 트랜드와는 정반대인 역주행이었으니까. 그러나 그 당시 사립대학교의 횡포는 남편을 견디어 내지 못하게 했다.

고향 부산에 자리 잡은 것은 여자인 나에겐 유리하였지만 남편 김종원 교수에겐 여러 가지로 불리하였다. 모든 것이 서울 중심적인 환경 속에서 역시 지방은 소외되기 마련이었다. 그러나 다행하게도 나는 4년제 대학인 동의대학교에 자리를 잡게 되었으나 학문적으로는 이제부터가 시작이었다. 애들도 중학생, 초등학생이 되었으니 이젠 그나마 공부에만 전념할 수 있게 되었다.

밤낮없이 강의 준비에, 논문 준비에 매달렸다. 게다가 지금까지는 석사학위의 소지만으로도 대학 강단에 설 수 있었으나 이제부터는 박사학위 소지자라야만 한다는 추세 속에 박사학위를 취득해야 한다는 심적 부담을 가지고 시험 준비를 하고, 시험을 치르고 하여 40대 후반에 다시 대학원 박사과정에 합격하게 되었다.

대구의 영남대학교 대학원에서 이병주 교수님을 지도교수로 정하게 되었고 아울러 중국현대사 강의 속에서 만난 손문 부인, 송경령을 알게 되었다. 이렇게 하여 나의 박사학위 논문은 「송경령 연구」가 되었으며 중국 여성에 관해 관심을 기울이게 된 계기가 되었다. 이와 같이 나는 뒤늦게 박사과정에 들어가면서 중국의 한 여성 송경령과 만나게 되었고 그녀에 관한 관심이 증대되면서 자료를 모으고 논문을 쓰게 되었던 것이다.

그것은 나에겐 큰 행운이었다. 송경령이란 여성은 깊이 알아갈수록 존경스럽고 마음이 끌리는 훌륭한 인물이었다. 그녀에 관한 공부를 하고 있으면 나 자신도 모르게 파란만장한 중국 현대사 속을 함께 걸어가고 있는 듯한 착각에 빠져 그녀와 함께 노하고 괴로워하고 기뻐하고 열정에 불탔다. 또한 그녀의 용기 있고 진실된 모습에서 진지한 삶의 자세를 배우기도 하였으며, 공부하는 동안 언제나 마음속에 즐거움과 용기가 가득하였다.

인물사를 연구할 경우 역사에 있어서 부정적인 측면이 많은 사람보다 긍정적인 작용을 한 인물이 훨씬 공부하는 데 즐거움과 보람을 안겨준다는 사실도 실감하게 되었다. 나의 석사학위 논문은 원세개의 대조선 간섭에 관한 것이었는데, 그때의 참담한 기분과는 너무나 대조적이었다. 논문을 쓰고 있는 동안은 몰아의 경지에 빠질 수 있었다. 흔히 공부하는 자세는 구도자와 같아야 한다고 하지만 나는 마치 사물놀이패처럼 신들린 듯 공부하는 것이 즐거웠다.

나는 송경령과 함께 중국의 현대사를 넘나들었으며 그녀의 인생역정에 나도 함께 동반자가 되었다. 유복한 기독교 가정의 딸로 태어나 미국에 유학까지 하고, 27세 연상의 남성 손문과 "애정의 이상과 혁명의 이상을 결합시키며" 결혼하여 혁명의 길로 나아간 여성, 송경령! 그리고 민중을 위해, 민주를 위해 싸우고, 여성의 해방을 위해 노력한 지조 있는 여성 혁명 정치가이며 사회 활동가이며 박애주의자였던 송경령. 그녀는 왜 사회주의자로 전변하여 중공에 합류하게 되었을까?

그리고 같은 환경에서 태어나 자란 애령, 경령, 미령의 송씨 세 자매는 왜 그렇게 각기 다른 인생행로를 걸어갔을까? 돈을 사랑했다는 언니 송애령과 권력을 사랑했다는 동생 송미령과 민중을 사랑한 송경령은 어떤 근본적인 차이점을 가지고 있었을까? 이 같은 의문은 언제나 나를 따라다녔고 흥미와 관심을 유발시켰다. 송경령은 "인간은 이렇게 살아야 한다."는 어떤 보편적인 진리를 이성과 양심에 따라 실천해 나간 매우 용기 있고 훌륭한 여성이었다고 나는 생각하고 있다.

송경령과 더불어 하향응에도, 송미령에도 관심을 가지게 되었고 한 신문에 중국의 저명 여성들에 대한 시리즈 물(왕소군, 측천무후, 서태후, 추근, 하향응, 등영초, 정령, 채창, 강극청, 강청 등)을 연재하기도 하면서 중국여성에 대한 관심을 고조시켜 나갔다.

그러하던 중에 중국 여성사 연구자들과의 연락과 모임을 만들어야겠다고 생각했다.

지금까지 학계에서 소홀히 다루어왔던 여성문제를 동양문화의 대표적 국가인 중국의 역사에서 통시대적이며 포괄적으로 고찰하여 우리나라를 포함한 동아시아의 여성문제를 새롭게 인식하는 계기를 만들어야 할 필요성을 느끼게 되었다. 이 당시 나는 사회단체인 여성문제연구회 부산지회 회장직도 맡고 있었다. 다시 말해 중요한 이슈로 대두되고 있는 여성의 사회적 지위와 역할문제를 공동으로 연구 발표하는 장을 만들어 보고 싶었다.

우선 우리나라에서는 중국사 연구는 상당한 궤도에 올라섰고 중국사 전공학자들도 많아졌지만 아직도 중국여성사 관련 연구자들이 얼마나 되는지는 파악하지 못하고 있는 상태였다. 중국, 일본, 대만 등지에서는 이미 연구자가 급속히 증가하여 여성사 연구자들의 모임뿐만 아니라 여성사 관련 잡지, 단행본들을 내고 있는 상황이므로 상당한 연구 성과가 축적되고 있는 실정임을 감안할 때 우리나라에서의 상황은 너무도 한산하여 이와 관련된 일의 조직과 활동을 서둘러야 한다고 생각했다.

2000년 중국사학회 부회장직을 맡으면서 '여성을 통해 본 중국사'라는 중국사학회가 개최할 국제학술대회 명칭을 우선 정해 놓고 1년 반 동안 스무 명 가까운 국내 중국사 관련 여성연구자들을 찾아내었고 또 만날 수 있었다. 그 다음은 중국, 일본, 대만, 미국, 독일, 이태리 등 각국의 중국여성사 관련 학자들의 명단을 조사하여 찾아냈으며 각자에게 연락하여 드디어 2002년 초에는 6개국 40여 명의 학자들과 연락이 가능하게 되었다.

결국 이 국제학술대회는 그간 E-mail, 전화, 우편 등을 총동원한 노력의 결과로, 5개국에서 26명의 외국학자가 발표자로 참가하게 되었고 국내에서는 16명의 학자가 발표에 참가하게 되었다. 대질 토론자까지 모두 80여 명의 학자들이 참석하여 동의대학에서 큰 학술대회를 개최하였다

사흘간에 걸친 국제학술대회에서 발표된 논문은 선진시대부터 현대중국에 걸쳐 여성의 정치참여, 여성의 법률적 지위, 직업과 물질욕망, 여성의 풍속 및 혼인생활, 여성의 불교사원 공양, 여성해방과 부녀관의 변천, 여권론 및 사회개혁운동, 여성인력개발, 여성운동과 손문의 삼민주의, 여성노동자와 문화대혁명, 모성애 관념과 현모양처론, 중국 측의 일본여성관, 여성 교육제도, 중국여성의 미국유학, 교과서 가운데 보이는 중국여성에 대한 서술 등등. 실로 다방면에 걸쳐 각양각색의 문제의식에서, 역사적으로 중국여성을 해부하였다.

이러한 연구와 토론을 거침으로써 중국을 비롯한 전 세계 여성들의 현안 문제를 찾아내고 여성의 복지향상과 사회적 지위를 높이는데 한 밑거름이 될 수 있으리라고 생각했다. 뿐만 아니라

이를 계기로 중국 여성사에 관심을 갖는 학자가 많이 배출되고, 우리 학계에서도 여성사 연구의 지평을 높이는 계기가 되었으며 우리나라 학자들의 알차고 높은 연구 수준을 외국 학계에 알리는 기회도 되었다.

또한 이를 계기로 국내의 중국사 연구 여성학자들은 서로 간에 연락할 수 있는 사이가 되었으며 아직 조직화 하지는 못했어도 같은 주제를 놓고 각자 연구하여 단행본을 내는 일이 가능해졌다. 이미 2005년도에는 김염자 교수를 중심으로 『중국여성, 신화에서 혁명까지』가 출간되었으며, 2006년에는 내가 중심이 되어 『중국근현대를 이끌어 간 걸출한 여성들』이란 책이 출판되었던 것이다. 뿐만 아니라 제25회 동양사학회 동계 워크샵에서도 '아시아 역사상의 여성'을 주제로 연구 토론회를 갖게 되었는데 이 또한 고무적인 일이 아닐 수 없었다.

이제 앞으로의 여성학자들의 조직화와 공동연구는 다음세대의 젊은 여성학자들의 몫이지만 그 밑거름을 그려주고 씨앗을 심는 일에 계속적으로 협조해 나가야 할 일이 나의 작은 몫이라 생각하고 있다. 다행히도 우리나라 여성학자들 간에 우리나라와 동서양의 여성 연구를 아우르는 여성사학회가 생겨나서 활발한 활동을 하고 있음은 매우 발전적인 일이다

또 한 가지 내가 생각하고 있는 것은 중국사의 대중화라는 명제다.

한 학년 100여 명의 신입생을 앉혀 놓고 물어보면 고등학교 때 세계사를 배웠다는 학생은 2, 3명에 불과하였다.

신입생은 모택동도, 장개석도 모른다. 이러한 현실 앞에서 나날이 위협적인 존재로 커가는 대국 중국을 전혀 모르는 우리 젊은이들에 대해 절망하게 한다. 지피지기(知彼知己)는 필승지본(必勝之本)인데 우리는 이렇게 중국을 몰라도 되는가?

그래서 대중 강연과 홈페이지, 싸이월드, 네이버블로그, 카페, 페이퍼 등을 통한 중국사 연재 및 대중 상대의 강의와 중국사의 이해 확산을 위한 노력을 계속하는 일이 내게는 중요한 과제로 남아있는 바, 퇴직한 지 십 수 년이 지난 지금까지 이미 시작하여 계속하고 있으며 이후에도 건강이 허락하는 한 노력하며 더욱 확대해 나갈 생각이다.

우리나라 역사교육의 문제점은 여기서 일일이 나열하지 않아도 우리 사학계의 교사, 학자, 교수들은 다 알고 있는 사실이며 이미 관계 당국에 호소문, 건의문을 낸 바 있다. 결과적으로 인문계 선택자의 경우 한국사를 선택이 아닌 필수로 하는 일은 성사되었으나 세계사의 경우는 미미한 선택의 분야에 머물러 있어서 세계사 교육의 전면화는 아직도 요원하다. 세계사 교육 없이 세계화가 가능할까?!

아울러 나는 계속적으로 중국의 여성 관련 자료들을 번역하여 후학들에게 작은 도움이라도 주고자 한다. 그중 퇴직 후에 번역하여 출판한 『사료로 보는 중국여성사 100년』(한울 아카데미. 2010. 4.)이란 책은 보람을 느끼는 성과 중 하나다.

다음으로 연구 과정이나 강의 현장의 경험을 토대로 전공학문에 대한 연구법과 지침을 얘기해 봄으로써 후학들에게 줄 조언으로 삼고 싶다.

다 잘 아는 얘기지만 전공 학문 연구에는 어학이 필수적이다. 이제 글로벌과 디지털시대에 사는 우리는 이미 지구촌 사람으로 통한다. 자기 연구 분야의 나라에 가서 그 나라의 말도 배우고, 그 나라의 자료를 보고 연구해야 함은 이제 필수불가결한 일이다.

특히 한문공부는 동양사 전공자에게는 모국의 글자와 같아야 한다. 이제 세계 10대 무역국에 속해있는 오늘의 우리나라 형편에서 볼 때 이미 영어는 평상적으로 익히고 있어야 한다.

잘 드는 양 날의 도구만 있다면 학자는 멋진 연구를 해낼 수 있는 자본을 가진 셈이다. 국제학술대회에서 벌써 중국어와 한문은 영어 못지않게 일상 언어, 글이 되고 있다. 어학공부 특히 중국어 공부는 해도 해도 부족함이 없다.

그리고 연구하는 자세는 구도자와 같아야 하지만 자신과 후배 학생들을 격려하기 위해선 사물놀이패처럼 신나게 공부해야 한다고 생각하고 있다. 이런 맥락에서 볼 때 강단에 선 선생, 교수라는 자리는 학생들을 보다 넓은 시야로서, 열정적으로 애정을 다하여 가르치고 이끌어 주어야 한다고 생각한다. 여기에 빠져서는 안 될 것이 후배와 학생들에 대한 따뜻한 격려와 사랑이다. 이것이야말로 약화되고 있는 인문학 특히, 동양사학에 있어서 전공자들을 많이 배출할 수 있게 하는 힘인 것이다.

연구 분야에 있어서 내가 조언하고 싶은 것은 번역도 중요하지만 논문을 더 많이 써야 한다는 사실이다. 나 자신 별 학문적 업적은 많지 않지만 나름대로 번역에 많은 시간을 할애하였다. 그러나 학자의 생명은 연구논문을 많이 쓰는 일이라고 생각한다. 그 논문이 모여지면 단행본 책이 나올 수 있는 것이다. "학자는 논문으로 말한다."는 언제나 통하는 만고의 진리인 것이다.

아울러 아직 전임이 되지 못하고 시간 강사나 연구원으로 머물며 세월을 보내고 있는 많은 중국사 연구자들을 생각하면 가슴이 아프다. 국가적으로 많은 연구소를 만들고 교수자리를 넓혀 수많은 연구자들을 구제해야 한다.

그리고 한 가지, 1960~1970년대 암울했던 그 시절 수유리에 자리 잡은 필자와 김종원 교수의 보금자리엔 조동원, 이성규, 최갑순, 조병한 선생님 등등 학문적으로 짱짱한 중국사 전공후배들이 소주와 돼지고기 삼겹살을 사가지고 자주 찾아와 중간 보스 격이었던 남편과 밤새 학문적 토론을 하던 모습은 참으로 잊지 못할 아름답고 가슴 뜨거운 추억으로 남아있다. 참 고마웠습니다!

내 사랑이여

1.

여보, 여민(如民*) 선생님 어제가 말복이었습니다.

장마라는 말을 정의하기 힘들 만큼 그냥 오래 비만 쏟아놓던 올해 여름도 이젠 갈 모양입니다. 더 가슴 아프게 할 가을이란 계절이 또 오겠지요. 새벽에 귀뚜라미 소리가 들리고…. 아직은 무척 더웠습니다.

아무리 지구라는 별이 병들었다 해도 자연의 법칙은 어김없음에, 우주의 톱니바퀴는 쉼 없이 돌아가고 있음에 작은 깨달음을 얻으면서 허망한 인생이란 존재에 절망 같은 한숨을 쉽니다.

우리의 고된 삶의 무게 사이로 파도처럼 빠져나가는 저 아픈 고통과 추억처럼 슬프고 아련한 기억들을 쌓고 흩뜨려가며 우린 이같이 적막감을 안고 그냥 살아가고 있습니다. 당신은 흔적도 없이 내 곁을 떠나고 없는데 시간은 이렇게 흐르고 또 흐르고 있습니다. 이렇게 시간이 흐르면 결국은 우리 모두 어디론가 떠나겠지요.

이 지구상에 왔던 그 아무도 여기 살아남은 자 없었으니까요. 안녕. 잘 가시오. 인생이여, 세월이여, 내 사랑이여.

2.

어느덧 당신 떠난 지 3주기를 맞습니다.

음력으로는 5월 7일이 기일이니 5월 6일에 제사를 모십니다. 오늘은 둘째네랑 당신 산소에 갔습니다. 오늘도 언제나처럼 뻐꾸기가 울고 있었습니다. 산소는 잘 정리 되어 있었고 떼도 아주 잘 자라나 있어서 어느 무덤보다 깨끗하고 아름다웠습니다.

여보 여민 김종원 학장님, 잘 계셨습니까? 우리가 왔어요.

세월도 무상하게 벌써 3년이나 지났습니다. 제사 지내고 큰애들 식구랑 또 다시 오겠습니다.

그간 추모집 내느라 바쁘게 지냈습니다. 또한 그간 제가 지닌 지식을 사회에 환원하느라 바빴습니다. 그간 당신도 아시는 일본어로 된 중국여성사 번역본 내느라 바쁘게 지냈습니다. 한 가지라도 당신에게 누가되지 않도록 최선을 다하면서 바쁜 시간 속에 당신을 떠나보내려 애썼습니다. 범어사에서 지내는 천도기도엔 해마다 참석하여 3년간 정성을 다 하고 있습니다.

저는 요즘 문화센터에 가곡을 배우러 다닙니다. 당신이 계셨으면 가기 힘들었을 것입니다. 그래도 소프라노로 노래라도 힘껏 부르고 나면 다소 마음이 트여집니다. 그런데 왜 그리 모든 가곡은 한결같이 애달픈지 모르겠습니다.

오늘은 비도 오고 왠지 서글픈 마음이 들어서 저녁 내내 가곡을 들었습니다. 비목, 고향 생각, 그리운 마음, 그대 있음에, 청산에 살으리라. 내 마음 그 깊은 곳에, 옛날은 가고 없어도, 사공의 노래, 석굴암, 비목, 봄처녀, 수선화, 고독, 이별의 노래, 동무생각, 언덕에서, 기다리는 마음, 님이 오시는지, 못 잊어. 그리고 바위고개.

한참을 혼자서 따라 부르다가 바위고개를 부르면서는 통곡하고 말았습니다. 당신은 생전에 바위고개를 제일 좋아하셨습니다. 그 청춘시절의 고독하고 비참했던 가난 때문이었겠지요.

그 고통으로 응어리진 괭이가 많았던 당신 마음을 나는 얼마나 포용하고 껴안아 주었을까 하고 말입니다. 나는 내 설움과 고통에 겨워 한정된 시야에 가려서 당신을 껴안고 포용하지 못했구나, 여겨져 눈물은 걷잡을 수 없이 흘러내렸습니다.

사랑은 생명 이전이고(Love is anterior to life) 에밀리 디킨슨의 시를 외웁니다.

사랑은 생명 이전이고

죽음은 그 이후이며
창조의 근원이며,
그리고 지구의 해석자(exponent)

그리움은 강물처럼 추억만 남겨놓고 간 당신!
당신을 성토하며 눈물지웁니다
미안해요… 자꾸만 생각이 납니다 그리운 이여~
여보 김종원 샘! 우주 만상 속의 당신…
빗소리에 실려 온 그리움… 보고 싶습니다.
가을은 깊어만 가는데….
시월의 마지막 밤을 지새며 이 가을을 보냅니다.
사랑했어요. 사랑이 저만치 가고 있습니다.
잘 가시오. 내 사랑~

3.

여보! 여민 선생님 보고 드립니다!

그 예쁘던 우리 딸 문희가 이제 박사가 되었습니다. 2월 22일날 박사학위를 받았습니다. 3월 당신 생일날 박사 학위복 입혀서 당신 산소에 데려 가겠습니다

지금으로부터 15년 전 문희가 33살 될 때 엄마처럼 공부해야 한다고 박사과정에 입학시킨 지 15년 만에 48세의 나이로 3학

기에 걸친 3심 끝에 이제야 박사학위를 받습니다.

당신 살아계실 때 문희가 박사학위를 땄으면 무척 기뻐하셨을 텐데 말입니다.

여름방학 때 문희가 논문 써야한다고 우리 집에 며칠씩 와 있을 때면 무척 좋아하셨던 당신 생각이 납니다.

문희 자신과 환경에도 문제가 있었지만 지도교수들의 제자 사랑과 제자에 대한 학문 지도에도 문제가 있음을 느낍니다. 교수 개인의 업적과 학문 열정도 중요하지만 제자를 기르는 따뜻한 스승으로서의 진정성 있는 애정도 퍽 중요한 것입니다. 인문학의 발전을 위해서도요.

만감이 교차합니다. 많이 늦었지만 우리 문희가 이제 한꺼풀 무거운 짐을 훨훨 털어내 벗어버리고 봄날의 제비처럼 지저귀며 비상할 날 있기를 간절히 기대해 봅니다.

학문이란 길로 들어서서 보편적으로 인간이 누릴 욕구와 본능을 유보하면서까지 한 사람의 학자가 되기 위해 그간 흘린 땀과 지나쳐버린 시간과 그 고뇌가 얼마인가를 생각해 봅니다.

이제 우리 딸 문희의 앞날에 잔잔한 학문적 기쁨과 자신을 바로 세우고, 볼 수 있는 삶의 영광이 함께할 수 있기를 염원할 뿐입니다.

당신도 많이 기쁘시지요?

이제 우리 집안에 6명의 박사와 2명의 석사가 배출되었습니다. 우리 모두 함께 웃으며 사진 찍고 싶습니만 당신이 빠진 자리가 너무 클 것 같습니다.

당신과 나 우리가 만날 날도 결코 머지않은 세월일 것입니다. 편히 잘 계십시오. 저는 살아생전에 건강하게 바람직하게 훌륭히 살다가 죽을 때 죽음 복 타기를 매일 염원하고 있습니다.

부디 편히 계시면서 이 자손들 보살펴 주시옵소서.

여보, 여민 선생님! 보고 싶습니다.

*如民은 그의 호다. 여민의 뜻은 나로드니키 혹은 브나로드 즉 '백성에게로 가다'를 말하는데 '민중 속으로'라는 뜻의 러시아말로, 러시아 말기에 지식인들이 이상사회를 건설하려면 민중을 깨우쳐야 한다는 취지로 만든 구호이다.

모차르트를 사과하다

볼프강 아마데우스 모차르트! 나는 모차르트 음악을 정말 좋아한다. 그 이유를 말하라면 부드럽고 로맨틱하면서도 애조를 띠고 있기 때문이다. 그의 모든 장르의 음악이 좋지만 특히 바이올린 협주곡 제3번 G장조와 제5번 A장조를 좋아한다. 나는 늘 그의 음악을 즐겨 들었으며 아이들을 키울 때도 정서적으로 부드러운 감성이 성숙하도록 자주 들려주곤 했다.

모차르트는 1781년 25세 때 몰이해한 대사교와 충돌한 후 잘츠부르크를 떠날 결심을 굳히고 이후 빈에 정주하게 되는데 이 시기의 주요 작품으로 「바이올린 협주곡 제5번」이 만들어졌다. 음악적 대성공에도 불구하고 궁핍하고 불행했던 35년간의 그의 인생 역정 때문인지 모차르트의 음악은 경쾌하면서도 언제나 아련한 슬픔을 내포하고 있다. 그 멜로디는 너무나 애잔하고 달콤

한 귀족적 슬픔의 선율이다. 부드럽고 로맨틱하면서도 애조를 띤다.

나는 25살의 나이로 대학원 수료 후 결혼을 했다. 당시 남편은 가난한 무급 조교였던 백면서생이었다. 결혼 후 연달아 세 아이를 낳았다. 환경적인 차이를 극복하고 양가의 허락을 받아 힘들게 가정을 꾸린 뒤 나에게 부딪쳐온 또 하나의 문제는 그의 주벽이었다. 워낙이 주량이 많고 술이 세기도 했지만 술을 먹기 시작하면 밤새 잠을 자지 않고 마셨다. 그리고 자는 애들을 깨워서 '얼차려'를 시키면서 어린 아이들을 마치 훈련병 다루듯 했다. 사내는 씩씩해야 된다면서.

그이가 저녁 회식 모임으로 늦어진다는 얘기를 하는 날이면 나는 일찍부터 아이들에게 저녁을 먹인 후 씻겨서 재웠다. 초저녁부터 이불을 펴고 눕혀 놓고는 그때마다 내가 좋아하는 모차르트의 바이올린 협주곡을 자장가 삼아 들려주었다. 그리고는 어서 자라고 재촉하였다. 왜냐하면 애들이 한숨이라도 푹 자두어야만 아빠가 들어와서 한밤중에 깨워도 칭얼대지 않을 것이고 그러면 야단맞지 않을 것이라는 생각에서였다.

40여 년의 세월이 흘러 아이 셋이 모두 성장하여 결혼을 했다. 이제 안정과 편안함이 우리를 감쌌다. 그런데 그이는 정년퇴직을 한지 10년이 되던 해 먼저 세상을 떠났다. 결국 과다한 주량 때문이었는지 식도암이 원인이었다.

그 뒤 어느 날 우리 남은 식구들이 모두 한데 모여서 술을 한 잔씩 하면서 회포를 풀며 얘기를 나눌 기회가 있었다. 얼큰해진 기분으로 나는 또 예의 그 모차르트 음악을 틀었다. 그랬더니 옆에 있던 작은며느리가 한마디 하는 게 아닌가.

"어머니 이 사람 모차르트 음악 안 좋아합니다. 이 음악을 들으면 불안해진대요."

옆에 함께 있던 큰며느리까지 "어머니 이 사람도 한때 모차르트 음악을 좋아하지 않았어요." 한다.

'아니 이게 무슨 말인가?'

나는 정말이지 깜짝 놀랐다. 그러고 보니 5살, 9살, 11살의 아이들에게는 모차르트음악을 들려주고 일찌감치 잠을 재촉하는 날은 언제나 아빠가 술 취해 들어와서 자기들을 힘들게 한다는 트라우마가 생겼을 수도 있겠다는 생각이 들었다. 이 멋진 모차르트 음악이 사랑스런 내 아이들에게 트라우마로 작용했다니….

트라우마(trauma)는 일반적인 의학용어로는 '외상(外傷)'을 뜻하나, 심리학에서는 '정신적 외상', '충격(정신 장애를 남기는)'을 말한다. 좋은 것이든 나쁜 것이든 간에 힘들었던 일들과 연관되어서 생겨난 트라우마는 인간 개개인에게 오래 지속되는 것이다. 엄마만 좋아서 곱고 아련한 슬픔을 즐기며 들려주었던 아름다운 모차르트 바이올린 협주곡이 내 아이들에게 상처를 주었다는 사실에 나는 적이 당황스러웠다. 너무 놀랍고 미안해서 한참 동안을 입을 다물지 못할 정도였다. 수 십 년이 지나서야 이 사건의 장본인인 엄마라는 사람이 이제야 이 같은 사실을 알다니.

그 이후 쉰이 내일 모레인 막내한테 조용히 다시 한 번 물어보았다. 그랬더니 고등학교 졸업 전후해서 많이 완화되었고 군대 갔다 온 이후로는 괜찮아졌다고 하면서 그러나 그 음악은 언제나 그런 기억을 되살렸다고 했다. 정말이지 꿈에도 생각지 못한 일이었다. 내 자식의 힘든 시간을 엄마라는 사람이 눈치조차 채지 못했다니 착잡한 마음마저 들었다.

좋은 것이든 나쁜 것이든 간에 힘들었던 일들과 연관되어서 생겨난 트라우마는 이렇게 인간 개개인에게 오래 지속되는 것이다. 엄마만 좋아서 곱고 아련한 슬픔을 즐기며 들려주었던 그 아름다운 모차르트 바이올린 협주곡이 내 아이들에게 그러한 상처를 주었다니….

좋은 엄마가 되는 일이 내가 살아오면서 제일 어려웠던 것 같다. 좋은 선생님은 열심히 공부해서 성심성의껏 최선을 다해 열정적으로 잘 가르치면 된다. 그러나 엄마라는 존재는 나 자신보다 더 중요한 내 자식에게는 감정이 이입되어 이성적이지 못한 경우가 다반사다. 욕심이라는 감정이 앞서기 때문에 정말 멋지고 정말 이성적인 좋은 엄마가 되기가 쉽지가 않았다.

거기에다 직장 생활하면서 공부도 병행해야 하고 별난 남편 뒷바라지에 넉넉지 못한 살림살이의 일상이었다. 그 속에서 이리 뛰고 저리 뛰고 하며 애 셋을 잘 건사한다는 것이 결코 쉬운 일이 아니었던 것이다. 결국 모든 것은 변명이 되겠지만.

다시 하라고 하면 정말 좋은 엄마가 될 수 있을까? 아니 이제부터라도 남은 세월 좋은 엄마, 훌륭한 엄마가 되고자 최선을 다 해야 한다.

살아온 날들을 가만히 돌아본다. 어디 자식에게만 그랬을까. 좀 더 아름답게 좀 더 친절하게 다른 이들에게 내가 베풀려고 했거나 베풀었던 어떤 일들이 내 호의와 상관없이 상대에게 불편함으로 전해졌던 일이 없을 거라고 어찌 장담할 수 있을까.

이처럼 전혀 다른, 역의 결과를 가져올 수도 있겠다는 생각에 삶이 다시 한 번 더 조심스러워졌다.

그 후 어느 날 자리를 마련하고 아이들을 불러 모았다.

"좋은 엄마가 되지 못해서 정말 미안하다. 용서해 주기 바란다. 그래도 모두 훌륭하게 잘 자라주어서 정말 고맙다."라고 간곡하게 사과를 했다.

그리고 그날은 모차르트의 바이올린 협주곡을 틀지 않았다.

2.

칭찬하고 또 칭찬하라

칭찬하고 또 칭찬하라

상사나 부모가 부하직원이나 아이들에게 관심을 갖는 순간은 무언가 잘못되거나 문제가 생겼을 때가 대부분이다. 반대로 문제가 없거나 잘하고 있을 때 대부분의 사람들은 무관심하다.

이렇듯 우리가 실제 살아가는 현실은 '긍정적인 것에 대한 관심'과는 너무나 거리가 멀기 때문에 마음 깊은 사람들은 긍정적인 것에 관심을 가지라고 끊임없이 강조한다. 부정적인 일이 생겼을 때 긍정적인 방향으로 유도하는 행동 방식을 혹자는 '고래 반응'이라고 일컫는다.

왜 고래 반응인가? 그것은 범고래 훈련과 관련이 있다.

무게가 수천 파운드나 되는 범고래가 수면 위로 솟아 있는 줄을 넘어 점프할 수 있도록 하기 위해 조련사는 항상 고래를 칭찬하고 긍정적인 관계로 이끌어 가는 방법을 사용하기 때문이다. 그래서 나온 말이 '칭찬은 고래도 춤추게 한다'이다. 사람도 마찬가지다. 잘한 일을 칭찬해주었을 때 더욱 잘하려고 한다.

그러나 우리의 일상생활은 '고래 반응'과는 정반대인 '뒤통수치기 반응'으로 점철돼 있다. '뒤통수치기 반응'이란 잘할 때는 무관심하다가 무언가 잘못됐을 때 갑자기 뒤통수를 치면서 화를 내고 닦달하는 것이다.

어디 그뿐인가 칭찬은 '양파'도 춤추게 한다.

강원도 철원군 중부전선 최전방지역의 한 군부대가 내무반에서 양파를 키우며 칭찬의 효과를 살펴보는 이색 실험을 진행하였다 한다. 육군 3사단 포병연대는 각 내무반별로 한 쌍의 양파를 똑같은 장소에 놓고 병영생활에서 칭찬과 폭언, 사랑과 미움이 생물 성장에 미치는 영향을 관찰하기 시작했었다. 이에 장병들은 한쪽의 양파에게는 좋은 말과 관심을 표시하고 다른 양파는 병영생활에서 오는 스트레스도 해소할 겸 욕설과 폭언을 3개월째 퍼부었다고 한다.

또 칭찬을 해주는 양파는 마치 애완견을 다루듯이 잎을 부드럽게 쓰다듬어 주거나 정성스럽게 물을 갈아주었으며 욕설을 하는 대조군 양파는 손가락으로 슬쩍 찌르는 행동을 병행했다. 이 결과 장병들의 사랑과 칭찬을 받는 양파는 뿌리를 빨리 내리고 풍성하게 성장한 반면 폭언을 들은 양파는 덜 자라거나 가늘고 심지어 구부러지는 상태를 보이고 있었다. 병사들은 이 같은 '사랑의 양파 키우기'를 통해 칭찬과 배려의 중요성을 직접 체험하게 됐으며 이를 통해 상대방의 장점을 칭찬하는 행동으로 옮기고 있다고 했다.

정 병장(24)은 "칭찬을 받으면 잘 자라는 양파와 폭언으로 점점 죽어가는 양파를 보면서 사람도 마찬가지라는 생각을 했다."면서 "나의 말 한마디가 다른 사람에게 얼마나 큰 영향을 주는지 알 수 있었다."고 밝혔다. 부대 관계자는 "병사들의 폭언과 욕설이 생물에게 미치는 영향을 알아보자는 연대장의 제안으로 실험을 시작했다."면서 "칭찬받는 양파는 건강하게 성장하는 반면 욕설과 스트레스를 받은 양파는 성장이 느리거나 시들시들해지고 있다."고 말했다.

칭찬이라는 말은 누구나 좋아한다. 또 누구나 그 말의 뜻을 잘 알고 있다고 생각한다. 그러나 실제 우리의 삶은 칭찬과 격려보다는 질책과 부정적인 반응, 그리고 무관심에 둘러싸여 있다. 그러한 현실은 실제로 우리가 칭찬의 의미와 방법을 정확히 모르고 있다는 것을 반영한다.

칭찬을 통해 인생에서 승리할 것인가. 무관심과 질책으로 어제와 똑같은 삶을 살아갈 것인가. 이제 선택은 우리들 스스로에게 달려 있다. 칭찬은 결코 우리를 배신하지 않을 것이다. 칭찬의 힘은 우리가 상상했던 것 이상으로 위대하다.

자주 하는 이야기지만 나 자신도 그간 살아오면서 가장 어려웠던 일은 좋은 엄마가 되는 일이었는데 그 일은 결코 쉽지 않았다는 점이다. 교직이라는 직장, 사회생활 속에서는 열심히 공부하여 최선을 다해 가르치면 교직자의 임무는 어느 정도 가능하다. 그러나 엄마의 입장은 자식이 바로 나이며 나보다 더 나 자신이기에 안타까운 감정부터 앞서기 때문에 이성적인 좋은 엄마가 되기가 한참 어려워지는 것이다.

그런 과정에서 과연 나는 나의 아이들에게 얼마나 많은 칭찬을 하였던가? 그야말로 칭찬에 인색하였음을 반성하지 않을 수가 없다. 이제부터는 칭찬만 하리라! 칭찬은 고래도, 양파도 춤추게 한다. 우리는 다시 한 번 이성적으로 감성적으로 마음을 가다듬어 보자.

긍정적인 면을 강조하라.
잘한 일에 초점을 맞춰라.
벌을 주지 말고 시간을 주어라.
무관심이 최대의 적이다.
과정을 칭찬하라.
동기부여는 스스로 하도록 만들어라.
인간관계가 최고의 경쟁력이다.
시작이 반이다.
가끔은 스스로를 칭찬하라.
칭찬은 결코 배신하지 않는다.

반려동물과 반려식물

'반려동물'이란 사람과 더불어 사는 동물로 동물이 인간에게 주는 여러 혜택을 존중하여 애완동물을 사람의 장난감이 아니라는 뜻에서 더불어 살아가는 동물로 개칭한데서 비롯된 말이다. 1983년 오스트리아 빈에서 열린 인간과 애완동물의 관계를 주제로 하는 국제 심포지엄에서 처음으로 제안된 말이다.

사회가 고도로 발달되면서 물질이 풍요로워지는 반면, 인간은 점차 자기중심적이고, 마음은 고갈되어간다. 이에 비해 동물의 세계는 항상 천성 그대로이며 순수하다. 사람은 이런 동물과 접함으로써 상실되어가는 인간본연의 성정(性情)을 되찾으려 한다. 이것이 즉 동물을 애완하는 일이며, 그 대상이 되는 동물을 애완동물이라고 하겠다. 뿐만 아니라 요즘은 혼자 사는 사람들이 급격히 더 늘어나면서 외로움을 달래기 위해 반려동물을 키우는 사람들이 많아지는 현상인데 우리나라도 이미 천만가구가 넘게 애완동물을 키우고 있다고 하니 놀라운 일이다. 산책을 나가면 10명 중 2, 3명은 개와 함께 거닐고 있음을 본다.

나도 빼로라는 요크셔테리어종 반려견과 함께 살고 있었다. 남편이 떠난 후 아들네 집에서 키우던 어린 개를 가져왔는데, 딸네집의 개 미르의 새끼를 분양 받아서 키우게 된 수캐다. 할머니가 혼자 되었으니 외롭다는 것도 있지만 손녀딸이 알레르기 체질이라 개를 키우기가 좋지 않아서 나에게로 오게 된 연유이기도 했다. 똥오줌도 잘 가리고 산책을 아주 좋아하고 잘 짖지를 않고 조용하므로 아파트에서 키우기는 안성맞춤이었다. 빼로와 나는 13년을 함께 살았다. 빼로는 손녀가 지은 이름인데 스페인 사는 제자가 오더니 빼로는 스페인 말로 '개'라고 한다. 그러니 Dog, Dog이라고 매일 부르는 셈이었다. 그런데 이 빼로가 폐렴으로 죽은 뒤 나에게 나타난 상황은 실로 의외였다. 1년 가까이 설사를 했으며 매일 혼밥임을 실감나게 하면서 나를 우울하게 만들어 갔다. 심지어 기장에 있는 반려동물 장례식장에서 화장을 한 후에 1년간 맡겨둔 추모함에도 가보지 못했다. 내 옆에서 사람도 죽어갔는데, 이게 무슨 일인지. 결국 또 한 마리를 이웃분이 가져다주어서 키우기 시작했다. 나에게 기쁨을 달라고 '죠이'라고 이름 붙였다. 어찌 되었든 간에 결국 나는 다시 반려견과의 생활을 하고 있다.

개를 싫어하는 사람들은 먹이고 씻기고 치우고 하면서 성가셔서 어떻게 키우느냐고들 한다. 나는 성가시지도 귀찮지도 않으며 그야말로 나에게는 반려견이다. 나는 어릴 때부터 개를 좋아했다. 게다가 매일같이 빠짐없이 나를 온천천 산책을 하게 하는 장본인이며 하루에 여러 마디씩 내가 말을 하게 하는 상대이기도 하다. 내가 이쁘다고 만지거나 껴안을 때마다 나는 옛날 내 아이들을 젖 먹이며 키울 때 이뻐 하며 느꼈던 그 기분을 느끼며 행복해진다. 그럴 때 엔돌핀이 돈다고 생각했는데 그보다 더 강한 옥시토신이 분비된다고 한다. 옥시토신은 뇌하수체 후엽에서 분비되는 호르몬으로 젖 분비를 유발하고 출산 시 자궁을 수축시키는 작용을 한다고 하는데 출산 시에만 분비되는 것이 아니라 평상시에도 분비되며 이때는 사랑의 묘약으로 작용하여 친밀감을 느끼게 한단다. 예를 들면 산모가 아기에게 강한 정서적 유대감을 느끼는 것도 이 호르몬의 작용이며 여성이 모성본능을 느낄 때도 옥시토신은 왕성히 분비된다고 한다.

내가 좀 밤늦게까지 컴퓨터에 앉아있으면 자야한다고 빼로는 찡찡대기 시작했다. 그리고 나의 행동에 따라 내가 멀리 외출하는지 산책을 나가는지 귀신같이 알아낸다. 또 내가 마지막 단장으로 머리를 빗기 시작하면 방밖으로 어서 나갔다. 내가 항상 머리에 스프레이로 단장을 끝내는 걸 알기에 그 냄새를 피하기 위해 미리 나가는 것이다. 그리고 지금 함께 살고 있는 2살도

안 된 죠이는 내가 외출할 기미기 보이면 먹을 것을 주고 갈 것이라는 걸 미리 알고 이리 뛰고 저리 뛰며 흥분한다. 단지 말만 못할 뿐이지 모든 걸 다 알고 있다. 함께 산 세월은 결국 서로 간의 거의 모든 일거수일투족에 상호 이해가 이루어지고 있다. 그러니 바로 반려견일 수밖에 없다.

인간과 동물 서로를 이해하는 언어는 전혀 다르지만, 마음으로 대화해 교감이 통한다면 세상에서 가장 친한 친구가 될 수 있음은 참으로 아름다운 일이다. 동물과의 교감으로 인간은 무엇과도 바꿀 수 없는 행복을 느낄 수도 있고, 마음의 위로를 받을 수도 있기 때문이다.

이번에는 반려식물, 그린메이트(greenmate) 이야기를 해보려 한다. 반려식물이라는 얘기는 요즘 들어서 많이 나오는 말인 것 같다. 식물을 친구 삼아 살아가는 사람이 늘고 있다. '반려동물'에서 '동물'을 '식물'로 치환한 '반려식물'이라는 단어도 이제 낯설지 않다. 어느새 봄이다. 나만의 공간과 일상에 생기를 더해줄 초록 식물과 사귀기 좋은 시기가 아닌가. 그리고 그 그린 메이트는 언제나 말없이 나를 기다린다.

우리 집에 오는 사람들은 베란다에는 물론이고 응접실 마루에 놓아둔 화분들이 많음에 놀란다. 나는 무엇이든지 키우는 것을 좋아해서다. 이 모든 화분은 나의 반려식물들이다. 스투키, 행운목, 난초, 스파티필룸, 알라, 테이블야자, 뱅갈 고무나무, 버간

디 고무나무, 산세베리아, 스킨답서스, 돈나무, 황금죽 등등이다. 반려식물은 외로움이나 우울 등에서 벗어나게 해줄 뿐 아니라 스트레스 완화와 심리적 안정감을 주는 데도 효과가 있다. 하루가 다르게 잎사귀가 커다랗게 자라면서 성장하는 모습을 보면서 보람을 느낄 수 있으며 시들지 않고 정상적으로 성장할 수 있도록 공을 들이다 보면 반려동물 못지않은 정이 들기도 한다.

겨울철에는 장시간 난방 가동과 환기 부족으로 실내가 건조해지면서 몸의 면역력이 떨어지고 감기에 걸릴 확률도 높아진다. 그러나 실내에서 식물을 키우게 되면 실내 습도 유지뿐 아니라 공기 정화 기능까지 누릴 수 있다.

식물은 이산화탄소를 흡수하고 산소를 배출하는 광합성 작용을 하기 때문에 실내 습도는 식물의 증산작용에 의해 20~30%까지 높일 수 있다. 가장 흔한 스킨답서스는 공기 정화 능력이 뛰어나고 관리가 쉬워 초보들도 키우기 쉬운 식물이다.

행운목, 돈나무 등은 물을 떠 놓았을 때보다 가습효과가 4배나 높은 것으로 알려져 있다. 실내 습도 유지에는 행운목이 가장 좋다는데 어쩌다 그 행운목이 한 번씩 꽃을 피우면 바로 천국이다. 그렇게 향기가 좋을 수가 없다. 밤이 깊어지면 더욱 향기로워진다. 오랜 기간을 기다려야 피는 꽃이기에 행운목의 꽃 향기는 더 아름다우리라. 그래서 행운목일까?

식물을 키우기 전에 나는 식물의 특징과 생태 환경에 대해 잘 알아본다. 물, 온도, 빛 등은 식물이 자라기 위해 반드시 필요한 세 가지이지만 각기 그 식성과 성질이 다르기 때문이다. 그리고 어쩌다 한 번씩 잎이 시들해지는 모습을 보이면 '얘야 왜 그러니? 다시 싱싱하게 우리 함께 잘 자라나자' 하고 말하면서 쓰다듬어준다. 그러면 다시 잘 자라준다. 그 기쁨이란….

내가 키워보는 재미 중에서도 특히 아기자기한 재미를 느끼게 하는 나무는 감나무다. 해마다 가을철이 되면 여러 종류의 감이 나고 또 사먹게 되는데 나는 그 감을 먹을 때마다 단감이든 홍시든 대봉이든 간에 그 감의 종류를 막론하고 먹다가 나오는 씨를 그냥 버리기가 아까워서 그중에서 제일 튼실한 것을 골라 두어 개씩 화분에 그냥 심어놓는다. 그리고 잊어버리고 있으면 어느덧 콩나물 촉 터지듯이 쏘옥 감씨를 머리에 인 채로 싹이 올라와 있다. 한참 있다가 감씨 껍질도 떨어지고 나면 새파랗고 싱싱한 감잎이 자라기 시작한다. 그 솔솔한 재미는 이루 다 말로 표현할 수가 없다. 그래서 우리 집엔 베란다건 마루든 안팎으로 감나무가 많다. 화분 속 감나무를 보며 사람들은 접 부쳐야 하지 않느냐고 하지만 나는 그 자라는 모습, 싱싱한 잎새를 보는 것에 만족할 뿐이다. 가을이 되면 창가에서 또 제일 먼저 감나무 잎이 빨갛게 단풍이 들기도 한다. 내년부터는 감잎차를 만들어볼까 생각하고 있다.

늘 때맞추어 촉심해서 물주고 잎새 닦아주고 거름도 주고 하면서 그 자라는 모습을 보는 마음을 어디다 비길 수 있을까? 꼭 애들 키우는 것 같다. 그리고 즐겁고 기쁘다. 나에겐 반려견도 반려식물들도 모두 사랑하는 한 식구다. 그걸 아는지 먼저 간 착한 빼로도 그렇고 별난 죠이도 절대 식물을 건드리지 않고 함께 잘 지낸다. 나에게 잔잔한 기쁨과 위로를 주는 동물과 식물이 고마울 뿐이다.

생명의 신비에 대한 감동을 만끽하면서 나는 오늘도 즐거운 하루를 보낸다.

동물복지

겨울이 왔나 보다.

벌써부터 고병원성 조류독감(avian influenza) 때문에 초비상이다. 고창, 순천에 이어 양양까지 조류독감이 국내 전 지역으로 확산될 우려가 더욱 높아지고 있는 상황이니 평창동계올림픽을 코앞에 두고 신경이 곤두설 수밖에 없다. 가뜩이나 국민적 관심이 시들한 마당에 AI가 창궐하면 행사에 차질이 빚어질 수 있다.

왜 이런 일은 연속으로 일어나는 것일까. 인간의 방역으로는 퇴치될 수 없는 것일까? 그렇지만도 않은 것 같다. 작년에 우리나라에서는 닭을 3,800만 마리나 살처분하는 재앙을 불러 왔지만 가까운 나라 일본은 전혀 그렇지 않았다.

이런 일이 일어나면 도저히 텔레비전에 나오는 가금류들을 나는 불쌍해서 바로 쳐다볼 수가 없다.

닭의 해인 올해 정유년에는 살충제 닭, 달걀 사건까지 겹쳐서 그야말로 '정유계란(丁酉鷄亂)'을 겪고 있다. 『금수회의록』(안국선, 1908)과 『동물농장』(조지 오웰, 1945)이 동물 눈에 비친 인간 탐욕과 부조리, 전체주의를 꼬집은 우화라면 살충제 달걀은 자본주의 공장 축산 시스템에 대한 저주였다. 좁디좁은 축사 케이지에서 꼼짝없이 알만 낳다가 도축돼 생을 마감하는 암탉들의 반란 같았다.

도저히 나는 저들 닭을 그냥 바른 자세로 무심하게 쳐다볼 수가 없었다. 너무 불쌍하고 미안하고 애처로워서였다. "닭장 속의 A4용지만한 면적에 어떻게 3마리까지 닭을 밀어 넣어 키울 수 있단 말인가?" 스트레스에 찌든 닭들이 옆의 닭을 쪼아서 상처를 내니 그 부리까지 끊어 내버렸다고 하지 않는가. "스트레스에 절은 닭이 낳은 불량 달걀은 몸에 해롭다."는 이야기는 자명할 수밖에 없는 사실이며 진실이다.

이번 살충제 계란 사태의 근본 원인으로 비좁은 닭장에서 닭을 기르는 밀집사육 환경이 지목돼 왔다. 축산법 시행령에 따르면 닭장에서 키우는 산란계 한 마리의 적정 사육 면적은 A4용지보다 좁은 0.05㎡다. 닭은 모래에 몸을 비비는 '흙목욕'을 통해 몸에 붙은 진드기나 벌레를 떼어낸다.

닭의 해 정유년에 닭들이 큰 수난을 겪으면서 동물복지가 새삼 화두로 등장했다. 소·돼지·닭처럼 의식과 감정 있는 '감응

동물'은 뉴질랜드 2015년 입법 사례처럼 종전과 달리 대접하자는 것이다.

동물복지를 열심히 하다가 부족해진 달걀을 수입한 독일은 최근 네덜란드 살충제 달걀 파동의 최대 피해국이 됐다. 그래서 나는 스위스에 살고 있는 제자에게 거기 사정은 어떠냐고 전화를 해서 물어 보았다. 자기들은 땅에 풀어서 자유롭게 키운 행복한 닭들의 알을 좀 비싼 값으로 사먹고 있다는 이야기다. 좀 비싸더라도 우리는 행복한 닭의 달걀을 사 먹어야 한다.

그렇다! 그들 닭도 죽을 때는 죽더라도 살아 있을 때 행복을 누릴 수 있는 환경을 만들어 주어야 하지 않겠는가.

동물복지는 생명을 유지하고 생산 활동을 하고 있는 상태가 얼마나 양호 또는 불량한가를 나타내는 말로써 동물에게 주어진 현재의 환경조건이 정신적, 육체적으로 얼마나 편안한가를 의미하는 것이다. 그리고 동물의 5대 자유(배고픔, 영양불량, 갈증, 불편함, 통증, 부상, 질병, 두려움, 고통으로부터의 자유와 정상적인 행동 표현의 자유)를 충족시켜주어야 함을 말한다. 생명체는 사람이든 동물이든 다 마찬가지다. 그것이 충족되지 못할 때 얼마나 비참한가!

하지만 밀집사육 환경에서 닭은 모래가 아닌 철망을 밟고 서 있다. 이로 인해 농가는 살충제를 반복적으로 살포할 수밖에 없다. 해충은 먼지와 배설물이 가득한 닭장에서 내성을 키운다. 닭은 열악한 환경 탓에 병에 빠른 속도로 전염되고, 농가는 다시 감염을 막기 위해 항생제를 남용한다. 그야말로 악순환이다.

한 해 135억 개 달걀을 먹는 나라의 달걀 값이 동물복지 드라이브로 500원, 1000원으로 뛴다 한들 어쩌겠는가. 이참에 모든 것을 제도화해서 다소 달걀 값을 인상하더라도 동물 복지는 이제부터라도 준수되어야 한다.

세계적으로 무항생제 축산에서 유기축산으로 가는 추세이며 동물복지 축산경영의 실천방안을 모두 모색 중이다.

우리가 동물 복지에 힘써야 하는 이유는 뭘까?

첫째, 동물이 고통 받는 것을 보면 우리 또한 공감하는 능력으로 인해 고통을 받는다.

둘째, 축산 동물의 경우 동물이 스트레스를 받으면 나중에 먹거리로서 우리 건강에 좋지 않다.

셋째, 생명 자체가 소중하기 때문이다. 또 그 이유는 인간인 우리가 자기 자신을 보호하고자 하는 욕구를 가지고 있는데, 나만 소중하다고 주장할 수는 없으니까 모든 인간의 생명을 존중하자고 주장하는 것이고, 생태계의 일부인 인간만 소중하다고 주장할 수 없으니 모든 생명을 존중해야 한다는 주장에서이다.

또 용두사미처럼 일과성의 일처럼 그냥 흘려 내버리지 말고 동물복지에 대한, 이번 일은 확실히 해야 한다. 이번 기회에 정부는 무항생제 축산물 인증 기준을 강화하여 동물복지가 고려되지 않은 환경에서 나온 축산물은 친환경 인증에서 배제해야 한다. 닭뿐 아니라 소와 돼지도 친환경 인증 기준은 부실하게 적용될 여지가 있는 만큼 함께 손질을 할 필요가 있다. 그렇게 하지 않으면 소비자들의 식품안전 불신은 공고화될 수밖에 없다.

"동물복지 안되면 먹을거리 저주 못 피한다."

다시 새겨들어야 할 말이다.

동물복지를 고려한 '윤리 축산'이 제2의 살충제 계란 파문을 차단할 근원책이 될 뿐만 아니라. 이 같은 동물복지는 살충제 계란은 물론 조류인플루엔자(AI) · 구제역의 방지책이자, 궁극적으로 먹거리 불신시대를 극복할 방안이 될 것이기 때문이다.

그동안 좁은 면적에서 집약적으로 가축을 키우는 '공장식 축산'은 살충제 계란뿐 아니라 AI, 구제역 등 각종 가축질병의 주요 원인으로 꼽혀왔다.

경제협력개발기구(OECD)는 지난 6월 발표한 '한국 가축질병 관리상 농업인 인센티브'에서 '한국의 밀집사육 방식이 2010년 이후 지속해서 재발하는 AI, 구제역, 브루셀라, 소결핵의 주요 원인'이라고 분석했다.

실제로 행정자치부 산하 정부통합전산센터와 충청남도가 도내 5천 개 가금류 사육 농가 데이터와 AI 발병 현황(2016년 11월~올해 1월), 발생 지역 등을 분석한 결과 가금류를 많이 키울수록 AI 발병률이 높았다. 10만 마리 이상을 사육하는 농가의 AI 발병률은 36.17%로, 4천 마리 미만 농가 발병률 0.07%보다 548

배 높았다.

축산 선진국인 유럽연합(EU)은 일찍이 공장식 축산의 폐해를 인지하고, 이를 개선하기 위해 노력해왔다. 유럽연합은 2003년부터 배터리 케이지 신축을 금지했고, 2012년부터는 기존 농가에서도 케이지 사육을 금지했다.

특히 핀란드는 '농장형 사육' 뿐 아니라 모든 가축에 성장촉진제 · 예방용 항생제 투여를 전면 금지했다. 핀란드의 구제역 · AI 발생률은 0%다. 통제가 가장 어렵다는 살모넬라균 발생률도 0.11%에 불과하다.

전 세계적으로 동물복지 움직임이 활발해짐에 따라 국내에도 2011년 동물복지 개념이 본격 도입됐다. 동물보호법을 개정하면서 동물복지축산농장 인증제와 축산물 인증표시제를 시행한 것이다. 동물복지인증은 2012년 산란계를 시작으로 2013년 돼지, 2014년 육계, 2015년 소, 염소로 대상을 넓혀갔다.

하지만 '동물복지 축산 농장'은 2017년 현재 전국 132곳에 불과해 턱없이 부족하다. 가장 인증이 많은 산란계 농장도 국내 1,450여 곳 중 93곳뿐이다.

전문가들은 동물복지가 인간복지와 직결되는 만큼, 사육환경을 점차 개선해나가야 한다는 입장이다. 조희경 동물자유연대 대표는 "과도한 밀집사육은 인간에게도 위험한 질병을 가져올 수 있다."며 "산란계나 암돼지가 일어서는 것 외엔 움직일 수 없는 '스톨 사육'부터 금지해 밀집사육 문제를 점차 개선해나가야 한다."고 강조했다.

모든 생명체가 애잔하다. 나는 횟집의 수족관 속에 갇혀있는 물고기들을 보아도 가엽고 슬프다.

행복한 책읽기

- 파란 파일 속 이야기

행복한 책읽기의 원고 청탁을 받은 후 몇 권의 책을 떠올렸다.

전공과 관련된 책으로, 영국에 유학한 중국여성 장영(張戎)이 쓴 문화대혁명 관련 논픽션 소설인 『대륙의 딸들』이나 최근 한 모임에서 읽고 독후감 토론까지 한 삐에르 쌍소의 『느리게 산다는 것의 의미』, 숭산 스님의 『선의 나침반』을 우선 후보로 꼽았다.

그런데 미용실에서 퍼머를 하며 우연히 뒤적인 여성잡지에서 하나의 보석을 찾아내는 행운을 가졌다. 그것은 죽음을 앞둔 젊은 의사가 1년 동안 가족, 친구, 이웃들에게 띄운 200편의 감동적인 이메일 파일을 그가 떠난 후 친구들이 한 권의 책으로 엮어 펴내 그의 무덤 앞에 헌정한 『파란 파일 속의 이야기』란

책이었다.

바로 얼마 전인 지난 7월 신장암으로 세상을 떠난 고 양인명 박사 이야기다.

젊고 유능한 의사였던 그는 몇 번의 수술과 독한 항암치료를 받으며 달라진 자신의 인생관을 짧고 감동적인 이야기에 담아 친구, 동료, 이웃들에게 매일같이 메일을 보냈다.

그의 짧고 명쾌한 이야기는 민들레 홀씨처럼 인터넷을 타고 훨훨 번져나갔다. 경희대학병원 내분비과 전문의이면서 교수였고 올해 마흔여덟으로 삶을 등지기에는 너무나 아까운 사람이었다.

그런 그가 작성한 파일들은 삶의 지침과 같고, 마치 잠언 같은 내용으로, 짧고 감동적인 세계의 일화들에 자신의 생각을 붙인 형식을 취하고 있다. 이 일화들은 대부분 전기나 에세이 혹은 종교나 철학서 등 다양한 분야의 책에서 취한 그만의 어록이다. 그가 생전에 얼마나 많은 분야의 책을 읽었는지 엿볼 수 있게 한다.

서문에서 그의 아내는 '당신은 참으로 맑고 밝은 영혼의 소유자였습니다. 2000년 3월 신장암 진단을 받고 1년 3개월여의 투병생활에서 보이셨던 의연함과 굳은 믿음의 자세는 참으로 보기 좋았습니다. 삶의 마지막에서 의식이 없어져가면서도 "모든 이들을 사랑합니다."라고 하셨던 당신의 뜻이 이 책을 통해 길이길이 이어지길 바라며…. 여보 사랑합니다.'라고 쓰고 있다.

그런데 이 책엔 죽음을 앞둔 사람인데도 죽음에 관한 말이 전혀 없다. 그의 친구의 말에 의하면 그는 암 말기에 이르러서도 아프다는 말이나 죽음이라는 말을 단 한 번도 입 밖에 내지 않았으며 변함없이 메일 이야기만을 보내올 뿐이었다 한다.

수술이나 항암치료를 받을 때에도 노트북을 들고 입원해 병실에서 메일을 보내곤 했으며 친구들은 매일같이 그의 메일을 조바심 내며 기다렸다는 것이다.

"양인명 박사는 의사로서, 교수로서 또한 신앙인으로서 모범적인 삶을 사신 분입니다. 신장암 말기의 심한 고통 속에서도 하느님의 사랑과 신비에 매료되었으며, 오히려 그러한 고통을 통해서 더욱 큰 하나님의 사랑을 체험하셨습니다. 이제 고인이 되셨지만, 그분의 뜻만은 아직 우리 곁에 남아 있습니다. 평소 수많은 책들을 읽으면서 하나 둘 모아두었던 유익한 이야기들이 이제야 한 권의 책이 되어 세상에 나오게 된 것입니다. 이 분은 글의 전문가는 아니지만, 이야기마다 말미에 단 주석은 의사로서의 진정한 치료, 사랑의 치료를 강조하신 글로서 짧지만 참으로 힘이 있고 유익합니다. 이 책을 읽는 분들도 하느님의 사랑 안에 참으로 행복하시기를 빕니다."라고 김수한 추기경이 추천사를 쓰고 있고 또한 이 책의 판매로 생기는 수익금은 전액 죽음을 앞둔 어려운 환자들을 위해 쓰인다고 한다.

이 책은 참으로 나에겐 하나의 크고 신선한 충격이었다. 삶의 지혜를 일깨워주었다. 그중에 한두 가지의 이야기를 옮겨본다

- 후회

1915년, 캐나다의 토론토대학. 이제 석사학위를 받을 생화학 전공 학생들은 꿈에 부풀어 있었습니다. 세상으로 나가 의사로서의 행복한 삶이 보장되어 있었기 때문이지요. 지도교수는 가장 우수하다고 생각되는 두 명의 학생에게 물었습니다.

"내가 지금 하고 있는 연구는 매우 중요한 일이다. 너희들 중에 한 명이 남아서 나와 함께 연구를 계속해 주면 좋겠구나."

그런데 두 학생 모두 연구를 계속하기보다는 의사로 성공하고 싶다고 했지요. 할 수 없이 동전을 던져서 결정하기로 하였고, 그중 한 명은 계속 연구실에서 고생을 하게 되었습니다.

몇 년 후 의사가 되어 개업을 하고 있던 친구가 신문을 보다가 깜짝 놀랐습니다. 자기 대신 연구실에 남아 있던 '찰스 베스트'라는 친구가 개의 췌장에서 인슐린을 발견해낸 공로로 노벨상을 타게 된다는 기사를 읽은 것입니다.

그는 가슴을 치며 말했습니다.

"내가 남았더라면 노벨상은 내 것이 아닌가!"

- FILE

값을 지불하지 않고 참으로 가치 있는 것을 얻을 수 있을까요?

인생의 갈림길에 섰을 때, 후회 없는 길을 선택하기는 쉽지 않습니다. 혹 잘못된 길로 들어섰다 하더라도 후회하며 아쉬워

하기보다는 남은 앞날에라도 꼭 해야 할 일을 찾아 실천하는 것이 후회 없는 삶을 사는 방법인 것 같습니다.

이 책의 첫 번째 이야기다.

- 처칠의 독설

영국 최초의 여성의원은 애스터 여사였습니다. 그녀는 말이 거칠고 입심 좋기로 유명하였습니다.

한번은 그녀가 처칠에게 악담을 했습니다.

"처칠씨, 내가 만일 당신의 아내였더라면 당신 커피에 독을 탔을 거예요!"

윈스턴 처칠이 되받았습니다.

"애스터 여사, 내가 만일 당신의 남편이었더라면 그 커피를 즉시 마셔버렸을 거요!"

- FILE

독설은 독설로 되돌아오기 마련입니다. 선한 말은 선한 마음에서 나오고, 악한 말은 악한 마음에서 나온답니다. 좋은 말만 하면 마음도 선해지지 않을까요?

지금 가을은 머나먼 하늘에서 차가운 물결과 같이 우리에게 밀려오고 있다.

만추, 낙엽, 바람, 구름, 하늘, 음악, 인생, 순수, 고독, 기도, 죽음…. 가을에 생각 키우는 단어들이다.

가을에 생각하는 죽음의 가장 깊은 뜻은 바람 속에 풍화되는 시간의 무게라고 어느 시인은 읊었다.

가을에 생각하는 죽음…. 우리는 진정 어디에서 왔다가 어디로 가는 것일까?

과연 우리는 죽음 앞에서 그렇게 의연해질 수 있을까?

가만히 눈감고 이승과 저승 사이 그 아스라한 시간의 층계 위에 앉아 긴 상념에 젖어 본다.

- 『파란 파일 속 이야기』(도서출판 물푸레)

음주가무(飮酒歌舞)

음악이란 또 하나의 새로운 세상을 열어준다. 많은 분야의 음악 중에서도 사람이 직접 부르는 노래인 합창이나 중창은 그 느낌이 또 다르다. 그중에서도 남성만으로 구성된 남성합창은 동성합창(同聲合唱)이라고도 하며, 아동합창・여성합창・혼성합창 등과 구별된다. 대개 제1테너・제2테너, 제1베이스・제2베이스 등 4부 합창으로 이루어지나, 이러한 합창군을 2군으로 나누어 대비적으로 부르는 이중합창, 또는 복합창(複合唱)이나 삼중 이상의 합창으로 구성되는 경우도 있다.

남성합창의 매력은 혼성에 비해 중후한 화음에다 소리에 파워가 있고, 레퍼토리에 한결 자유롭다는 점을 들 수 있는데, 중후한 남성의 목소리는 영혼에 깊은 울림을 전한다. 나는 남성들의 합창, 중창, 코러스를 아주 좋아한다.

마음까지 녹이는 가을을 닮은 듯한 남성 코러스의 매력. 남성 성악인들이 뿜어내는 우렁차고 깊은 화음을 느낄 수 있는 소중한 무대를 만나면. 그 특유의 매력에 언제나 감동을 받는다.

부드러우면서도 웅장하고 편안하고 안정감을 주며, 남자의 거대한 품에 가득 안겨오는 듯한 멜로디에 반한다. 하얀 백발의 머리, 정갈한 복장을 한 단원들은 늙음은 늙음대로 젊음은 젊음대로 아름답고 의연하고 멋지다. 인생 황혼에 찾는 삶의 의미, 최선의 노력, 자기 높임과 노력에 대한 만족감, 황혼에 찾은 화음에서 얻는 삶의 재미. 나름의 달콤하고 향긋한 황혼을 맛보리니. 모두 다 잘생겨 보인다. 그들에게 좋은 노래와 노래 벗들은 연금보다 든든하리라.

내가 가는 길이 험하고 멀지라도
그대 함께 간다면 좋겠네

우리 가는 길에 아침 햇살 비치면
행복하다고 말해주겠네

「행복을 주는 사람」의 가사와 음률은 화음이기에 더욱 좋다.

수많은 날은 떠나갔어도 내 맘의 강물 끝없이 흐르네
그날 그땐 지금 없어도 내 맘의 강물 끝없이 흐르네

새파란 하늘 저 멀리 구름은 두둥실 떠나고
비바람 모진 된서리 지나간 자욱마다 맘 아파도
알알이 맺힌 고운 진주알 아롱아롱 더욱 빛나네.

「내 마음의 강물」을 들으며 가사를 음미하면 더욱 감상에 젖어들고 평안해진다. 정말이지 요즘에 우리나라엔 많은 합창단이 생겨나 모두 음악의 높은 경지를 즐기고 있다.

별 볼 것이 없는 텔레비전을 이리저리 훑어가다 보면 우리는 놀랄 수밖에 없는 프로를 만난다. 우리나라의 수준 높은 음악 프로그램들이다. 그 음색과 화음에 푹 젖어들게 하는 프로가 한두 개가 아니다.

4명의 기막힌 화음과 열정으로 감동을 주는 팬텀싱어, 대한민국 최고 가수의 명곡을 일반인 듀엣 가수가 함께 부르는 판타스틱 듀오, 여러 가수들이 다양한 장르의 명곡을 재해석해 부르는 프로그램인 불후의 명곡, 나이, 신분, 직종을 숨긴 스타들이 목소리만으로 실력을 뽐내는 복면 가왕. 미스터 트롯, 등등등.

어느 것 할 것 없이 그 화려한 음색과 화음에 놀라면서 전율이 온몸에 퍼진다.

요즘엔 미스 트롯, 미스터 트롯·1, 2, 보이스퀸, 보이스킹. 불타는 트롯맨 때문에 난리다. 그 가창력에 사람들은 눈물까지 쏟아낸다. 우리나라는 가히 음악천국, 노래천국이다. 이 어려웠던 3년간의 전염병 코로나 시대에도 우리에게 많은 위로를 준 것도 바로 이 같은 음악이었다.

거기에다 근간에 미국을 위시해서 세계적으로 이름을 날리고 있는 시골출신 아이돌 방탄소년단은 또 얼마나 대단한가. 또한 여성 아이돌들도 마찬가지다. 참으로 대단한 민족이다!

중국 최초의 정사(正史)인 사마천(司馬遷)이 지은 『사기(史記)』 '동이전(東夷傳)'에는 우리나라에 관계되는 기록이 많이 나온다. 그 이후로 중국 각 시대의 정사(正史)에는 우리나라에 관한 기록이 적지 않게 나온다. 대표적인 것이 '삼국지(三國志) 위지(魏志) 동이전(東夷傳)'이다

그런데 우리나라 사람들에 관한 기록 가운데는 항상 飮酒歌舞(음주가무) 즉 '술 마시고 노래하고 춤추기를 좋아한다'라는 기록이 빠지지 않는다. 그리고 집집마다 술을 담갔다는 이야기도 나오고 춤사위의 모습까지 상세히 표현하고 있다.

이천 수백 년 전 그 옛날에 동쪽까지 와서 잠시 보고 간 이들의 기록들이 한결같이 이와 같으니 놀라지 않을 수 없는 일이다.

진(晉)나라 역사가 진수(陳壽)가 지은 정사 『삼국지(三國志)』의 위지(魏志) '동이전(東夷傳)'에는 우리나라에 관한 기록이 특히 많다. 그 가운데 고구려(高句麗)에 관한 기록을 보면, '그 나라 백성들은 노래하고 춤추기를 좋아한다. 나라 안의 고을에서는 저녁이 되면 남녀들이 무리로 모여 서로 나아가 노래하고 놀이를

했다. 음력 10월에는 하늘에 제사를 지내는데, 나라 사람들이 나라 가운데 크게 모이는데, 그것을 이름하여 동맹(東盟)이라고 했다'라고 되어 있다.

남쪽에 있는 삼한(三韓)에 관한 기록을 보면, '늘 음력 5월 파종하기를 끝내고 나면 귀신에게 제사를 지내는데, 무리로 모여서 노래하고 춤추며 술을 마시는데 밤낮으로 쉬지 않는다. 음력 10월 농사일을 마치면 또 이렇게 한다'라고 되어 있다.

북쪽에 있던 고구려나 남쪽에 있던 삼한이나 할 것 없이 모든 지역에서 다 술을 마시고 노래하고 춤추기를 좋아했던 것이다. 그 당시 중국 사람들이 봤을 때 자기들과는 완전히 다른 습속이었기 때문에 적어 두었을 것이다.

중국을 보면 술을 전혀 안 마시는 사람이 의외로 많다. 그리고 술을 정신이 나갈 정도로 급하게 많이 마시지 않는다. 술을 마셔도 노래하거나 춤을 추는 사람은 거의 없다. 계속 떠들기만 한다. 그 시끄러운 중국말로….

우리나라 사람들은 노래하기를 좋아하고, 실제로 노래를 매우 잘하는 편이다. 또 노래방이 우리나라처럼 이렇게 많은 나라도 없다. 우리나라 사람들은 노래방 가면 노래 몇 곡 부르지 못하는 사람이 없다. 그러나 중국 사람들 가운데는 평생 노래를 한 번도 불러본 적이 없는 사람이 많다. 중국 교수들에게 노래를 불러보라고 시키면, 살려달라고 빈다.

백두산 천지에 갔을 때 술 한 잔하고 팔 두 날개를 벌려 두둥실 춤추는 사람들은 우리들 한국 사람과 북한쪽 사람들뿐이었다. 민족의 DNA에 박혀있는 이 같은 음주가무의 소질이 바로 오늘날 세계를 열광케 하는 우리 한류의 원조가 아니겠는가.

방탄소년단의 활약은 그 대표적인 예다. 또한 그간에 수년간 지구상의 인간이 코로나로 고통당할 때 우리는 방송국마다 트롯 선풍이 불어서 밤마다 트로트 열풍에 사로잡혀 살았다. 참으로 놀라운 일이다.

이 민족의 씩씩하고 즐거운 기상을 키워서 앞으로도 세계적인 한류의 융성을 조직적으로 키워나갔으면 좋겠다.

저 먼 남미 칠레에서의 열기 가득 찬 K팝 콘테스트의 모습이나, 유럽에서의 K팝 공연을 보며 열광하는 그들의 열정과 눈물에 나도 눈시울이 뜨거워졌다. 우리 민족은 언제나 춤추고 노래하고 흥겹고 열정적이며 뛰어나다는 자랑스러움이 가슴에 가득 안겨져 왔다.

왜 이리도 순수하고 감성적인 우리 민족을 위정자들은 잘 다스려나가지 못할까?

이 나라의 정치가 참으로 한스럽다!

알프스 계곡의 어느 고등학교 동창회

얼마 전 신문에 「빙하 타임머신 녹다, 6000년 전 화살부터 바이킹 유물 우수수」라는 제목의 기사가 실렸습니다.

"지난 40년 동안 노르웨이 빙하를 연구했지만, 최근 많은 변화가 생겼습니다. 이 얼음덩이가 얼마나 빨리 녹아 없어질 수 있는지 하루하루가 무서워요."

노르웨이 빙하 학자의 이야기입니다.

노르웨이의 빙하가 기후변화로 녹아내리자, 신석기시대부터 바이킹시대까지 사용됐던 68발의 화살과 5개의 화살촉 등이 고스란히 모습을 드러냈던 것입니다.

이제 지구 온난화로 지구의 구석구석에 있는 빙하들이 녹아내려서 우리는 지금 지구와 인간의 앞날을 걱정하고 있습니다. 지구의 마지막 시간은 언제쯤일까요? 혹자는 12시를 종말로 볼 때 11시 50분대에 이르렀다고도 합니다. 여러모로 우리는 참으로 어렵고 급박한 시대에 살고 있음을 실감합니다.

지금 하고자 하는 이 얘기는 수십 년 전 이야기입니다만 오늘의 현실을 생각해 보면 이런 이야기는 앞으로 더욱더 일어날 가능성이 높아 보입니다. 그런데 이 얘기를 처음 들었을 때는 참으로 뭉클함과 함께 놀라웠습니다.

일 년 내내 눈 덮인 높은 산봉우리들이 즐비한 명산 알프스!

아름다운 자연의 나라 스위스의 어떤 작은 마을에서 고등학교 졸업 50주년 기념 Homecomming day행사가 열렸다고 합니다.

모인 동창생들을 보니 그중에는 허리가 굽어져 지팡이에 의지한 사람, 다리를 저는 사람, 휠체어를 타고 오는 사람도 있었습니다. 한 가지 공통된 것은 다들 백발이 성성한 노장이 되어 한자리에 모였다는 사실입니다.

모두가 다 지난날을 생각하며 감개무량한 가운데 옛날 친구들을 만나보는 즐거운 모임이었습니다.

스키를 타고 눈 덮인 산과 계곡을 쏜살같이 달려가며 젊음을 불태우던 학교 시절의 옛 이야기로 꽃을 피웠습니다. 그런데 그때의 홍안의 청년들은 간 데 없고 지금 모두의 얼굴에는 주름살이 깊어진 노년이지만, 그들 마음만은 옛날의 젊음 그대로였습니다.

알프스의 높은 산봉우리들에서는 작년 내렸던 눈 위에 금년

새눈이 덮이면 작년의 눈은 밑으로 내려가고 또 내년에 오는 눈은 금년에 온 눈 위에 쌓여지는 사이클이 영원히 되풀이 되어 만들어진 높은 눈 산으로 수십 길 높이가 되고 맨 밑바닥에 깔린 얼음은 녹아서 물이 되어 밖으로 흘러나온다고 합니다.

즐겁고 감회 깊었던 동창회를 마치고 아쉬움을 나누며 학교를 뒤로하고 집을 향하여 모두들 거리로 나왔습니다. 그런데 저쪽 높은 눈벽 밑에 여러 사람들이 모여 웅성대고 있는데, 어느 친구가 손을 흔들며 "이리 와 봐~"라고 소리를 쳤습니다.

이야기인즉 시청 청소부가 눈벽 밑에서 흘러내리는 맑은 물과 함께 옛날 스키화(스키 장구)가 보여 그것을 잡아당겨 보니 사람의 시체였다고 합니다. 스키화를 신은 채 죽은 그 사람의 시체는 옛날 학교 교복을 입은 홍안의 젊은 학생이었습니다.

살아 있는 듯한 젊은이의 생생한 모습을 바라보던 동창회에 모였던 노인들은 점점 자기들 눈을 의심하기 시작했습니다. 눈앞의 현실을 도저히 믿을 수 없었습니다. 그 살아 있는 듯한 소년 얼굴에서 옛날 학생시절 친구의 모습을 발견하기 시작했기 때문입니다.

그들이 고등학교 졸업반이 되었을 때 졸업 기념으로 동기생 모두가 스키여행을 함께 떠났다고 합니다. 그때에 불행하게도 동창 가운데 몇 명은 눈사태를 당하는 사고를 만나 행방불명이 되었습니다.

그러고 난 뒤 50여 년의 세월이 흘렀습니다. 그런데, 지금 눈앞에 보이는 그 홍안의 소년은 그때 눈사태 속에 묻혀 행방불명된 친구 중의 한 명이었답니다.

50여 년의 세월이 흘렀지만 그 젊은이의 시체는 얼음 속에 묻혀 오랫동안 잘 보관되었고 해마다 얼음이 녹으면서 바닥으로 바닥으로 내려와 녹은 물과 함께 이제 밖으로 밀려 나온 것이었습니다.

홍안의 소년, 고등학교 졸업반에서 삶이 멈춰버렸던 옛 친구의 시체 앞에 저들은 넋을 잃고 장승처럼 서 있었다고 합니다.

혹시 이렇게 모두 각자의 속으로 중얼거렸을 것입니다.

"우리들은 늙어 백발이 다 되었는데 저 친구는 늙지도 않고 고등학생 그대로의 모습이구나!"

아아~ 정말 놀라운 일이었습니다.

이 사실은 우리에게 많은 것을 생각하게 합니다.

오늘의 우리들이 얼굴에 주름살이 이어지고 백발이 된 것은 살아있다는 증거이며, 또한 지금껏 인생을 열심히 잘 살아 왔다는 이야기이기도 한 것입니다.

죽은 자는 주름살도, 나이도 먹지 않는 것이니까요.

백발은 삶의 영광이라고 모두들 말합니다. 주름살은 인생의 표창장이라고들 합니다.

'평생'이라는 삶의 길이가 참 잠시구나. 하는 느낌이 듭니다.

그리고 우리들의 남은 인생에 대해 다시 한 번 생각해 보게 됩니다.

우리 모두 나이 들어도 청년처럼 새로운 꿈과 비전을 간직한 채 훌륭하게 삶을 다듬어 가며 품위 있는 인생, 훌륭한 삶을 견지하기를 바랍니다.

서글픈 황혼이라 하지 않으며 저 서쪽하늘을 아름답게 물들이는 석양의 빛깔로 곱게 늙어 가십시다.

"메멘토모리. 죽음을 기억하고, 카르페디엠 현재를 즐겨라."

이 말을 되새기며 마지막 여생을 품위와 훌륭함으로 이어가야 함을 새삼 되새겨봅니다.

회갑 감상기

이제 3월도 중순! 멀리서는 눈과 얼음 녹는 소리, 가까이서는 꽃망울 터지는 소리, 캠퍼스 안은 두런두런 봄 오는 소리로 온통 사방이 시끄럽습니다. 3月의 찬바람 속에는 따뜻한 봄기운이 가득 숨어 있습니다. 그 추위를 지나면서 봄기운을 알아내는 씨앗과 새싹들의 기억력은 얼마나 정확한지 모르겠습니다.

모두들 바쁘실 텐데도 오늘 이렇게 저를 위해 따뜻하고 기쁜 자리를 마련해 주셔서 정말 고맙습니다. 연이어 우리 선생님들의 이런 자리를 마련해 주시게 된 학생, 졸업생 여러분께 폐를 끼치게 되어 민망스럽기도 합니다.

정말이지 저 자신이 50이나 60이 되리라고는 전혀 생각지 못하였습니다. 참으로 세월은 쏜 화살과 같습니다. 가만히 생각해 보니 순식간에 60년의 세월이 흘러가 버렸습니다.

1941년 3월 20일 부산에서 태어나 1947년 영도국민학교에 들어갔습니다. 그리고 1953년 경남여중에 입학했고, 1956년엔 경남여고에 입학하여 수정동까지 늘 전차통학을 하였던 생각이 납니다.

1959년 봄, "여자도 남자들과 동등하게 생활력을 가질 수 있어야 한다."는 부친의 말씀을 따라서 청량리에 있던 서울대학교 사범대학 역사교육과에 입학하였습니다.

4학년이 되어 서울사대 부속고등학교에서 교생실습을 하며 남을 가르친다는 것이 얼마나 어려운 것인가를 실감하였습니다. 졸업 후 영등포여중 교사발령을 받고 재직한 지 3개월 만에 과감히 사표를 던지고 서울대 대학원에 진학하여 공부에만 전념해 보기도 했습니다.

대학원을 수료한 후 역사라는 전공이 역사가 되어 만난 가난한 백면서생이었던 김종원 선생과 결혼한 것이 1965년 봄, 25세의 나이였습니다. 그길로 연이어 세 아이를 낳아 키우며 무급 조교 남편 휘하에서 가난한 생활을 하였습니다.

밤마다 애들을 젖 먹여 재워놓고 발치에 작은 밥상을 펴고 앉아서 역사책을 꺼내 읽고, 논문을 쓰느라 노심초사하던 기억이 아직도 뇌리에 선연합니다. 1975년 서울여상에 전임이 되었고, 1976년부터는 한양대학교에 시간강사로 나가기도 했습니다.

그러한 힘든 생활 속에서도 가르친다는 사실은 어렵지만 항상 저에게 기운을 차리게 해주고, 흥겨움을 주고 희망을 주고, 스트레스를 해소해주는 만병통치약과 같은 것이었습니다.

외곬의 남편이 '서울에서 부산으로'라는, 시세에 역행하는 온 가족의 역(逆) 대이동을 결심한 후 우리는 1979년 겨울 모두 부산으로 왔습니다. 80년부터 저는 동의대학과 인연을 맺었고 1981년 3월 1일 전임이 되었습니다.

사학과 1회 때부터 함께 공부하고 답사 가고 울고 웃으며 동의대학교 생활을 시작한 지 어언 20년! 저 나이 41세에서 61세까지의 이 20년이 눈 깜짝할 사이에 지나가 버리고 오늘에 이르렀습니다.

동의대학교는 그동안 건물 하나, 연못 하나, 나무 하나, 돌 하나, 풀 한포기에 이르기까지 그 어느 것의 작은 변화도 놓치지 않으며 제가 몸담고 사랑해온 학교였으며 또 언제나 저에게 힘을 준 것은 이 학교의 보배인 바로 여러분들이었습니다.

그동안 저는 53세의 나이로 박사학위를 받기도 했고, 또 세 아이를 모두 시집・장가보내어 할머니가 되기도 했습니다. 이렇게 살아온 60년의 세월 동안 한 여자로서 아내가 되고, 세 아이의 엄마가 되어 키우고 보살피고 뒷바라지하면서 여느 여인들처럼 즐거움과 기쁨과 고뇌를 누리고 간직하며 살아왔습니다.

그러나 이러한 저의 삶 속에서 가장 크게 힘과 용기를 준 것은 저 자신이 공부하고 가르치는 직업을 가졌다는 사실이었습니다. 일상의 복잡다단한 삶의 내용에 파묻혀 힘겹게 지나다가도 책을 펴고 공부에 열중하면 즐겁고 머리가 맑아지기 시작하였습니다.

공부하는 자세는 구도자의 자세와 같아야 한다는 사람도 있지만, 저에게 있어서 공부하는 자세는 마치 사물놀이패의 리더가 꽹과리 치는 일처럼 신나는 작업이었습니다. 그리고 온갖 고뇌에 휩싸여 있을 때라도 제가 아는 모든 것을 여러분 학생들 앞에서 열정에 차 다 토해놓고 나면 가슴에 엔돌핀이 돌면서 보람으로 가득 차 모든 스트레스가 다 사라지곤 하였습니다.

그리고 순수한 여러분들과의 생활과 대화와 어울림은 저에게 영원한 청춘을 선사하였습니다. 살아가기 이렇게 어려운 세상에 가르치고 공부할 수 있고 제자를 키울 수 있는 이 좋은 삶의 방편을 지닌 저 자신의 홍복에 감사하고 아울러 여러분들께 감사하고 있습니다.

그리고 이 지복(至福)에 보답하기 위해 저 자신이 얼마나 더 열심히 연구하고 또 얼마나 더 잘 가르쳐야 될 것인가를 매일매일 마음에 새기며 일기 속에 되새깁니다.

이제 제가 정년하기까지 꼭 5년 반, 11학기가 남았습니다. 이 기간 동안 더욱 열심히 하고 더 열심히 가르칠 생각입니다. 제 생각에 공부는 70이 넘어서까지도 할 수 있다고 느끼고 있습니다.

이미 낸 책이 몇 권 있습니다만 앞으로 그 이상의 책을 낼 생각을 하고 있습니다. 그 이후엔 여느 할머니들처럼 손자도 돌보고, 쇼핑도 하고, 산보도 하고, 영화도 보고, 사진도 찍고, 이 메일도 보내고, 사진정리도 하고, 수필도 쓰면서 소일할 것입니다.

오늘 이렇게 저의 60세 생일을 제가 가장 사랑하는 여러분들께서 챙겨주셔서 무어라 감사의 말씀을 드려야 할지 모르겠습니다만 아주 기분이 좋고 호사하는 느낌이 듭니다. 이런 기분은 난생처음입니다.

정익성 선생님, 강창석 선생님, 임효택 선생님, 이남복 선생님, 황선영 선생님, 박순준 선생님. 항상 베풀어 주시는 따뜻한 동료애에 깊이 감사드립니다.

그리고 또 여기에 모인 석・박사 여러분들과 사학과 졸업생 여러분들, 저에게 힘을 주셔서 정말 감사합니다. 모두 힘내어 열심히 하실 것을 부탁드리고 또 저도 열심히 할 것을 약속드립니다.

이 자리를 마련해 주신 여러분께 다시 한 번 거듭 진심으로 감사드리면서 이만 저의 인사말씀에 갈음하고자 합니다. 정말 고맙습니다.

(동의대 사학가족 여러분들께 보내는 회갑 감상기)

2001年 辛巳年 3月 20日 李陽子 올림

아들을 위한 기도

“어머니, 낳아주셔서 감사합니다.”

오늘은 수원 사는 쉰두 살 된 큰아들의 생일날이다. 아들이 전화를 걸어 이렇게 다정하게 말해주었다. 그렇잖아도 나는 적당한 시간에 생일 축하 전화를 걸려든 참이었다.

너무 이르면 잠을 깨울 것 같고, 너무 늦어도 출근 하느라 바쁠 터이기 때문에 적당한 시간을 찾던 중이었다. 때마침 7시 40분이 되자 전화벨이 울렸다.

“어머니.”

“그래 오냐. 우리 아들 일어났나?”

그리고 이어서 말했다.

“어머니 절 낳아주셔서 감사합니다. 지금 출근합니다. 미역국도 먹었습니다. 어머니, 건강하셔요.”

"그래 고맙다. 건강 잘 챙겨라."

아들의 목소리를 듣는 순간 나도 고맙다는 말을 이으며, 하고 싶은 말은 많아도 전화를 끊었다.

순간 울컥 목이 메었다. 그리고 온몸에 엔돌핀이 번져나며 저절로 미소가 지어졌다. 고마웠다!

나도 며칠 전에 큰아들에게 예쁜 생일카드를 보냈다.

'아들아, 네가 내 아들로 태어나 주어서 고맙다'고 적어서….

그랬더니 중학교 일학년인 막둥이 손녀까지 "할머니, 우리 아빠 낳아주셔서 고맙습니다."라고 전화를 통해서 종알종알 이쁘게 말해왔다.

가만히 큰아들네 집안을 그려보며 속 깊은 큰며느리가 참 잘하고 있구나 여겨져 고마운 마음이 가득했다.

참으로 자식이란 그 존재만으로도 고마움이라 하지 않았던가! 고마움과 뿌듯함이 전율처럼 흐르는 아침이었다. 예쁜 말과 고마운 마음은 하루 종일 귀에 울렸고 가슴이 저릿했다.

큰아들은 사근사근하진 않아도 마음씀씀이가 깊다. 남편이 떠난 후 엄마 혼자 있으면 안 된다고 미국에서부터 데려와 키우던 10살 된 자기들 개 캐빈을 6개월간 내 옆에 두고 갔었다. 그 후 내가 강아지를 한 마리 구하자 그때서야 데리고 갔다.

예기치 않게 혼자된 그즈음 캐빈은 나에게 정말 많은 위로를 주었다.

그리고 어느 날 연락도 없이 갑자기 차를 타고 아들 식구가 들이닥쳤다. 이유인즉 음악을 좋아하는 엄마가 난청지대인 이곳 연산동에서 FM음악 방송을 노트북으로 깨끗하게 들을 수 있도록 하기 위해서 왔다면서 모든 설치를 다 해주고 갔다. 또한 오래된 옛 텔레비전이 시원찮다고 새 삼성 텔레비전을 예고도 없이 보내오기도 했다.

지나간 일들이 뇌리에 스친다. 1997년 미국 핏츠버그의 카네기멜론대학으로 유학을 보낸 바로 그해 IMF가 터져서 공부를 계속 시키나 돌아오라고 해야 하나 하면서 고민했었다. 800:1에서 1800:1로 치솟은 환율 상승으로 겪은 학비의 어려움, 같이 간 며느리는 현명하게도 두 애를 낳으면서 모두 극빈자로 등록해서 제왕절개수술이라도 무료로 출산한 일, 박사과정을 뉴욕주의 RPI(렌슬레어 폴리테크닉 인스티튜트)대학에서 하면서 인도인 지도교수 때문에 애먹던 일, 졸업 후 S기업의 반도체회사로 스카우트되어 이사비와 전세금까지 도움 받으며 8년 만에 금의환향하던 일 등이 주마등처럼 스쳐 지나간다.

그런데 나는 이런 아들을 지금 걱정하고 있으니 어쩌면 나의 오지랖인지도 모른다.

우리나라를 먹여 살리는 최첨단 회사에 취직하고 있는 우리 큰 아들의 장래를 나는 지금 걱정하고 있기 때문이다. S사는 50대 중반이 되기 전에 퇴직시킨다고 하니 말이다. 승급을 하면 더 빨리 퇴직한다고들 얘기하니 이제 얼마 남지 않은 셈이 된다.

축적된 지식과 경험으로 황금같이 귀중한 나이인 이 50대 초반에 퇴직을 하게 되면 무얼 먹고 산단 말인가. 그리고 나라는 이 같이 우수하고 숙련되고 뛰어난 인재를 썩히게 되니 또 얼마나 손해인가?

노후생활은 대학교수보다 산업현장에 있는 사람들이 훨씬 못하지 않는가 하는 느낌이다. 그러니 더러는 중국으로 기술 이전을 위해 팔려간다는 이야기가 나오지 않는가.

사실 한국을 대표하는 간판 회사에 스카우트되어 들어올 때 아들은 귀국하기 싫어했다. 그래도 우리는 이렇게 얘기했다.

"얘야, 외국에 살면 영원히 이방인밖에 더 되겠느냐 그리고 엄마 아빠가 얼마나 오래 살 거라고…. 우리 오늘 저녁엔 만나서 낚지볶음 먹자. 이렇게 오손도손 하게 살자꾸나."

미국은 나이와는 아무 관련 없이 실력만 있으면 계속 회사에 남아서 연구에 몰두할 수 있다고 한다. 부모가 큰아들의 귀국을 종용한 것이 잘한 일인지 잘못한 일인지 알 수 없는 오늘, 아들의 생일을 맞으며 엄마는 어쩌든지 그의 퇴직 이후가 행복하고 건강하고 보람되고 풍요롭기를 간절히 기도하고 있다.

그리고 더글라스 맥아더장군의 아들을 위한 기도문을 혼자 조용히 외워본다.

주여 제 아들을 이렇게 만들어 주소서
정직한 패배에 부끄러워하지 않고 꿋꿋하며
승리에 겸손하고 온유하게 하소서
비오니, 그를 평탄하고 안이한 길이 아니라
고난과 도전의 긴장과 자극 속으로 인도해 주옵소서
그래서 폭풍우 속에서 분연히 일어설 줄 알고
넘어지는 사람들에 대한 연민을 배우게 하소서
마음이 맑으며 높은 목표를 갖고
남을 다스리려 하기 전에 먼저 자신을 잘 다스리고
기쁠 때는 함께 웃을 줄 알고,
소리 내어 웃을 줄 알 되 울 줄도 알고
미래로 나아가되 결코 과거를 잊지 않는 아들로 만들어주소서.

*고 장영희씨의 책 『축복』에 실린 번역을 따랐다.

혈액형 이야기

네 사람이 도서관에서 공부를 하고 있었다. 그들의 혈액형은 각자 A형, B형, AB형, O형이었다. 그런데 갑자기 AB형이 화를 내면서 문을 박차고 나가버렸다. 그러자 O형은 궁금함을 참지 못하고 뒤따라 나갔다. 남아있던 A형은 혹시 나 때문에 재가 화난 것이 아닐까 하면서 속으로 걱정을 했다. 그러나 B형은 그러거나 말거나 아무 관심도 없는 듯 그냥 자기 일을 계속했다.

이 이야기는 혈액형으로 성격을 얘기할 때 단골메뉴로 나오는 이야기다.

우리나라에서는 혈액형과 성격을 연관시켜 얘기하길 좋아하고 심지어는 혈액형끼리의 궁합까지 맞추어 보는 사람도 있다.

그런데 혈액형과 성격과는 별무관계인데 유독 일본과 우리나라에서만 유행한다고 한다. 그 이유인즉 다음과 같은 사연 때문이다.

1919년 독일 학자 루트비히 힐슈펠트는 '인종별 혈액 차이'라는 조사 결과를 발표했다. 이 연구에서 영국인, 프랑스인, 독일인은 A형이 B형의 두 배가 넘었다. 반면 흑인, 베트남인, 인도인 등은 B형이 더 많았다. 힐슈펠트는 이를 근거로, 진화한 민족일수록 A형이 B형보다 많다고 주장했다고 한다. 그런데 당시 독일에 있던 일본 철학강사 후루카와 다케지는 힐슈펠트의 연구 결과를 본 뒤 주변 사람 319명을 조사해 '혈액에 따른 기질 연구'라는 글을 썼고 다케지는 "혈액형이 다르면 성격도 다르다"고 주장했다.

그 이후 1970년대 초 일본 작가 노미 마사히코가 다케지의 글을 기초로 『혈액형 인간학』이라는 책을 펴냈다. 혈액형에 따라 몸의 구성 물질이 다르고, 이것이 체질과 성격을 결정한다는 비(非)과학적 내용이었지만 일본에서 폭발적 인기를 끌었으며 혈액형에 맞는 음식, 옷, 교육법까지 유행했다고 한다. 이 유행이 한국으로 들어오면서 현재의 혈액형별 성격에 대한 믿음이 굳어지기 시작했다. 결국 100년 전의 비전문가가 불과 300여 명을 대상으로 한 조사가 지금까지 영향력을 발휘하고 있는 것이다.

결과적으로 이야기 하면 일개 철학강사가 만든 「혈액형별 성격」이라는 글에 한국과 일본만 100년간 휘둘리고 있는 셈이다.

혈액형에 열광하는 나라는 한국과 일본뿐이란다. 이는 두 나라 혈액형이 전세계적으로도 독특한 ABO식이기 때문이다. 2010년 기준으로 한국인은 A형이 34%, O형이 28%, B형이 27%를 차지하며 일본은 A형 37%, O형 31%, B형 22% 정도라고 한다.

거기에다 칵테일 효과라는 것이 있어서 사람들은 엄청난 소음 속에서도 자기 이름은 얼른 알아듣듯이 자기의 혈액형에 따른 성격을 이야기하면 자기 성격과 일치하는 점만 찾아내어서 맞다! 정말 그렇네 하면서 맞장구를 치게 된다. 심지어 점쟁이들도 이런 방법으로 이야기하면 코에 걸면 코걸이 귀에 걸면 귀고리가 되듯이 자신의 운명에 관한 여러 이야기들 중에 맞는 것만 찾아내서 용하다고 하는 경우가 많다.

오늘 혈액형 이야기는 이런 사실을 시시콜콜 따져 보려는 것이 아니고 우리 집 혈액형 이야기다.

결혼 초부터 확인한 남편과 나 우리 두 사람은 그이가 O형이고 나는 A형이었다. 큰딸애가 초등학교에 들어가자 학교에서 검사 결과 A형이라는 혈액형의 이름을 받아왔다. 그리고 둘째인 큰아들은 O형이라고 했다. 둘 다 우리 애가 틀림없었다. 그런데 셋째인 둘째 아들이 초등학교에서 피검사를 한 뒤 AB형라고 손바닥에 써가지고 온 것이다. 아니? 우째 이런 일이? 하고서는 학교에서 하는 피검사는 사람이 많으니 잘못 뒤바뀐 모양이라고 생각하고 한양대학 병원에 진료 받을 일이 있어서 갔다가 다시

해보니 역시 AB형이 아닌가!

그래서 엄마 아빠 둘 중 피검사가 잘못된 것이리라 생각하고 그냥 지나갔다. 그 뒤 큰딸애가 장티푸스에 걸려 수혈을 받게 되었는데 놀랍게도 A형이 아니고 B형이었다. 이 이후 나는 피검사를 해보니 정확하게 RH+A형이었다. 그렇다면 이 애 셋이 모두 우리 애가 되려면 그는 분명히 B형인 것이다. 그런데 그이는 피검사도 해보지 않고 확인 없이 그냥 지내고 있었다.

내 짐작으로는 그는 분명히 B형일 것이다 확신했다. B형 남자, 일반적으로 말하는 성격상의 유형으로 보아 그는 B형의 남자임에 틀림없는 것이었다. 그런데 그는 남자다운 O형으로 자부하고 있었다. 친정 모친도 O형이라 했는데 장모님과 피 형이 같다면서 이야기하곤 했었다. 그러는 사이 그냥 아무 일 없이 세월은 흘러갔다. 오히려 다른 선생님이 이 주제로 수필을 쓰시기도 했다.

그런데 남편이 암에 걸려서 병원에 입원하여 항암 치료를 받게 되었을 때 그야말로 한 대롱씩 매일같이 그 아까운 피를 뽑아가는 것이 아닌가?! 그래서 아! 참! 피를 뽑은 참에 혈액형이 무엇인지 좀 정확하게 검사해 주십시오! 하고 의사에게 부탁을 했다.

며칠 후 검사 결과가 나왔다. 역시 B형이었다. 그는 계면쩍게 씩 웃었다. B형인 딸에게도 AB형인 아들에게도 전화를 걸었다.

"수렁에 빠졌던 내 딸! 내 아들아! 너희들은 우리들의 아들, 딸이 확실하구나! ㅎㅎㅎ" 하고….

더 상세히 보면 그는 BO형이고 나는 AO형이었다. 그러니 B형, O형, AB형의 세 아이의 혈액형이 나왔던 것이다.

그리고 한 달 뒤 그이는 이 세상을 떠났다.

그 이후 친정 모친이 "양자야 사람이 늙으면 피 형도 바뀌는 모양이제? 내가 O형이 아니고 A형이라는 구나." 하신다. 해방 전후 시절인 옛날에 했던 정확하지 못한 혈액형 검사 때문에 일어난 재미난 에피소드의 한토막이다.

나의 귀가 시간

중·고등학교 때도 나는 학교와 집 이외에는 별로 다닌 곳이 없었다. 아버지는 상당히 엄격하셨고, 6남매의 맏이인 나는 언제나 공부도 행동도 모범이 되어야 했다.

어머니는 항상 맛있는 음식을 마련해 놓고 우리를 기다리시고 따뜻하게 맞아주셨다. 어느 때나 나의 귀가 시간은 당연히 시계 바늘처럼 정확했다.

고등학교를 졸업하고 서울에 있는 대학으로 진학하면서는 다소 여유가 생겼지만 사촌언니네 집에서 나의 남동생과 함께 하숙을 한 셈이었기에 언니는 늘 우리의 귀가시간을 챙겼다.

그 후 대학을 졸업하고 대학원에 진학한 후 2학년이 되면서 만나게 된 올드 보이, 나보다 일곱 살이나 많은 남학생이 있었다. 고학하면서 군대도 3년씩이나 꿇고 온갖 아르바이트를 다하며 대학원 1학년에 들어온 남학생이었는데 사실 남학생이라기보다는 아저씨였다.

나는 사범대 출신이고 그는 문리대 출신이라서 대학원이 있는 본부에서 공부해온 그는 매사에 익숙하고 아는 것이 많았다. 1960년대 그 당시는 서울대학교가 관악구에 모여 있지 않았고 13개 단과대학이 모두 따로 떨어져 있었다. 사범대학은 청량리에 있었고 문리대와 본부 그리고 대학원은 오늘날 대학로인 동숭동에 있었다.

사학과 중에서도 중국사 전공자인 두 사람은 1, 2학년에 재학했으나 거의 강의를 같이 받았다. 그는 나보다 한문 실력과 일본어 실력이 더 좋았다. 영어는 비슷했다. 그런데 잘난 척하며 냉랭하게 별로 알은척을 안했다. 그는 대학 도서관에서 임시 직원으로 알바를 하고 있었다. 그리고 대학원 공부는 정말 빡세게 해야 했으므로 책도 레포트도 빌려보고 도움을 받을 수밖에 없었다. 그것이 1964년도였다.

결국 공부로 만나서 서로 사귀게 되었고 약혼을 하고 1965년도에 교수님들의 축하를 받으며 결혼을 했다.

친정아버지가 마련해 주신 수유리 장미원 근처 작은 집에서 신혼을 꾸리고 애 셋을 낳았다. 그는 조교 자리를 5년이나 지내며 서울대학교 교수로 남고자 했으나 결국은 한양대학교 전임교수가 되었다.

나도 막내를 낳고서는 서울여상에 시간 강사로 나가다가 막내가 좀 커고 나서는 정식 교사로 일했다.

직장을 가진 이후 나의 귀가시간은 언제나 헐레벌떡 뛰어다니느라 바빴다. 집안일을 거들어 주는 어린 처녀애가 있었지만 시장 봐서 반찬하고 애들 거두는 모든 일은 나의 차지였다. 수유리에서 서대문에 있는 서울여상까지는 정말 먼 거리였음도 한몫했다.

그러다가 1980년도에 남편이 부산대학으로 옮기면서 우리 식구는 모두 부산으로 왔다. 애들은 곧 중·고등학생이 되었고 나는 시간강사로 뛰다가 동의대학에 전임교수가 되었다. 시간강사에서 전임이 되고 하는 사이, 나의 바쁜 생활은 계속되었으므로 귀가 시간은 언제나 뛰어다닐 정도로 바빴다.

아이들이 점점 자라면서 남편은 일몰 전이라는 귀가시간을 정했다. 해지기 전에는 모두 집에 와야 된다는 것이었다. 겨울이 되면 다섯 시쯤 해가 진다. 그는 자존심이 강하고 엄격하고 무서운 아빠였다. 그러니 식구 모두의 귀가 전쟁은 헐레벌떡 할 수밖에 없었다. 외동딸인 우리 큰딸은 아빠가 무서워서 연애도 못했다면서, 선보고 한 결혼도 아빠한테서 벗어나려고 선택했다고 말할 정도였다. 그래도 다행스럽게 정답게 잘 살고 있다.

세월이 가면서 안정이 되고, 나는 학교 일 이외에도 사회활동도 하게끔 되면서 부산시 여성단체 중 하나인 여성문제연구회 회장직도 맡아서 했었다. 그 회의가 있는 날은 귀가시간이 밤 10시에 가까워질 수밖에 없었다. 바삐 집에 도착하면 막내가 문을 열어주면서 아버지 화나셨다고 뿔난 포즈를 취한다. 그러면서 엄마한테 "어머니, 우리 집 여성문제도 해결이 안 되는데 바깥에서의 여성문제에 전념하실 수 있겠습니까?"라고 했다. 이러한 상태였으니 나에게 귀가시간은 언제나 빨라야한다는 선입견이 꽉 박혀 있었다.

2009년, 결혼생활 44년 만인, 내 나이 69세, 그이 76세에 그는 암으로 세상을 떠났다. 이제는 편안해질 만했는데 돌연히 혼자가 되었다. 애 셋은 이미 결혼하여 모두 우리 곁을 떠났었다. 막막하기 이를 데 없이, 큰 집에 덩그러니 오직 나 혼자였다. 그 허허롭고 허망함이란….

그래서 요크셔테리어종 작은 강아지를 키우게 되었다. 이제는 귀가 시간이 느긋하고 자유스러워 할 터인데 혼자 있을 강아지 때문에 늘 귀가를 서둘러야 했다. 그러다가 그 강아지마저 폐렴으로 12년 만에 떠났다.

사람도 떠나보냈는데 아니 강아지 떠났다고 웬일인지 몇 달을 설사를 했다.

같은 아파트 이웃에 37년째 사는 분들이 권유해서 새로운 강아지를 키우게 되었다. 독일 사냥개 종인 슈나우저였다. 이 개는 별나기가 요키 종과는 비교도 안 되었다. 물어뜯고 짖고 하우링도

하고….

우리 집에 온 지 벌써 일년이 되어간다. 죠이라는 이름도 지었고 동네 애들과도 아주 잘 지낸다. 몸집이 크고 별나도 순하고 머리 좋고 인정스럽다. 좋아하지 않을 수가 없고 나에게 많은 정서적 위로를 준다.

그런데 다시 나는 딱 잡힌 셈이 되었다. 노년에 얼마든지 자유스러워야 할 나는 다시 귀가를 서둘러야할 상황에 놓인 것이다. 어디를 가나 이 개 때문에 또 헐레벌떡 귀가를 서두른다.

엊그제 경여고 동기들과의 모임이 있었다. 10여 명이 모여 점심을 먹고 담소를 나누는데 벌써 내가 집을 나온 지 4시간째, 생각해보니 물도 안주고 나왔다.

"이 봐라. 나 개새끼 때문에 먼저 갈께. 개새끼가 욕이 아니고 새끼 개라는 뜻이란다."

얘기하고 양해를 얻고 먼저 나왔다. 다행히 개는 잘 있었다.

80이 넘은 이 늙은 나이에도 나의 귀가 시간은 언제나 급하다. 나에게 있어서 80평생 귀가 시간은 늘 헐레벌떡 하면서 빨리 가야하는 시간으로 마음속에 점철되어 있다. 무엇 때문일까? 나 자신에게 잘못이 있을까?

강아지를 키우지 말아야하는 걸까? 그래도 사랑을 줄 수 있어서 외로움을 덜어주는데 말이다.

3.

삶에 감동하는 날

가을의 상념(想念)

가을에는 기도하게 하소서.
가을에는 사랑하게 하소서.
가을에는 호올로 있게 하소서.

김현승의 시를 되뇌이며 한 아름 가슴 속에 담겨져 오는 가을 내음을 맡는다. 계절이 지나가는 하늘에는 바로크음악으로 가득 차 있다.

그윽하고 낭랑한 헨델의 음악을 들으며 가만히 거울을 들여다 본다. 가득히 눈물이 고인 눈가엔 세월의 흔적이 함께 자리하고 있다.

가을엔 왠지 울고 싶어진다. 쏴- 하니 합창하는 풀벌레소리, 눈부신 햇살, 상큼한 공기, 시리도록 파란 하늘, 불러온 듯 다가

선 산, 그리고 기세 꺾인 잎사귀들.

먼저 떨어진 낙엽들 이제 곧 단풍이 들고 서로 다투어 고엽(Autumn leaves)이 되리니…. 우리는 어디에서 와서 어디로 가는 것일까. 어디로… 다시 돌아가는 것일까!?

바람 속에 풍화되는 세월의 무게 속에 삶과 죽음의 의미를 생각하며 그 아스라한 시간의 층계위에 앉아 긴 상념에 젖는다.

인생을 문학적으로 아름답게 생각하던 20~30대도 지나고, 인생을 철학적으로 해석해보려 했던 40대도 지나고, 감성과 인내로 깊은 삶을 엮어보려던 50~60대의 나이도 지나 이제 기도와 정성으로 삶을 추스리고 싶은 80대의 나이에 이미 다다랐다.

새삼 생명에의 외경과 자연에 대한 경탄으로 숙연해짐을 느낀다. 작은 새싹 하나, 미미한 벌레 한 마리, 길가에 삐져나온 하찮은 풀 한포기, 구름 한 조각, 바람 한줄기, 어느 것 하나 귀하고 신비하지 않은 것이 없다.

소라 한 마리 전복 한 마리 작은 생선 한 마리도 내 손으로 못 죽이는 생명에의 외경(畏敬), 모든 생명에 대한 두렵고 공경스러운 마음을 고스란히 가슴에 안고 있다.

나는 요즘 작은 일에 감동하며 눈물 흘리는 감성의 바다에 빠지기도 한다. 나의 인생이 깊은 가을 길에 접어들어서이리라. 하지만 계절을 타지 않고 늘 우람하고 청청한 아름드리 노송을 보며 어떻게 늙어가야 할 것인가를 배운다.

결실과 마무리를 함께해야 하는 계절의 길목에 서서 마음속에 가지고 있는 갖가지 생각을 풀어내며 깊은 상념에 빠진다. 자신을 돌이켜보고, 참된 자성(自省)과 정진(精進)을 기구하며 좋아하는 시구를 떠올려 본다.

깊은 밤
자질막한 일상의 허물을 벗고
방안 가득히 불을 모으고
귀 기울이면
영원으로 통하는
이 무한공간 속에선
뼛속까지 환히 트이는
청정한 영혼의 물소리가 들린다.

이 계절엔 깊고 청정한 내 영혼의 소리를 듣고 싶다.

아, 가을이구나.

낙엽과 인생

얼마 전 신문에 이런 기사가 났었다. 통계적으로, 나이든 분 가운데 환경이 좋은 사람들이 환경이 나쁜 사람들보다 더 오래 산다는 이야기였다. 근래에 들어 가을이 깊어지면서 나무들의 변해가는 모습을 더 유심히 관찰하게 되었는데, 나무들도 다르지 않았다. 따뜻하게 햇살이 잘 비치는 곳에 뿌리를 내린 나무들이 어두운 그늘에 자리한 나무보다도 훨씬 아름답게 단풍이 들고, 오래 버티다 곱게 낙엽으로 마감하고 있었다. 인생이나 나무나 마찬가지라는 것을 실감할 수 있었다.

인생이든 낙엽이든 언젠가는 결국은 떨어지고 만다. 어떤 인생은 놀랍게도 백수를 누리기도 하지만, 어떤 이는 젊은 나이에 인생의 막을 아쉽게 내리기도 한다. 불의의 사고로 마감되기도 하고 천재지변으로 목숨을 잃기도 하고 병마에 시달려 젊은 나이로 이승을 등지기도 한다. 푸른 잎사귀의 삶도 다르지 않다. 설핏 부는 바람에도, 잦은 봄비에도, 목마른 가뭄에도, 무거운 폭우에도, 떨어질 것은 떨어지고 버티는 것은 버틴다. 인간과 나무 사이의 다른 점이라면, 인간은 순간적인 생각으로 스스로 목숨을 내려놓기도 한다는 것뿐이다.

떨어져내려 쌓인 노란 잎새들을 보며 생각에 젖는다. 삼월에 지면 십대에 요절한 인생 같고, 사월에 지면 이십대에 요절한 청춘 같다. 오월에 지면 삼십대에 져버린 애통함이고, 유월에 지면 사십대 장년에 져버린 원통함이다. 칠월에 지면 안타까운 아직 푸른 오십대의 인생 죽음 같고, 팔월에 지면 지혜로 두터워진 진한 육십 대의 죽음 같고, 구월에 지면 그래도 아쉬움 많이 남는 칠십대의 죽음 같다. 시월에 지는 잎사귀는 곱게 살만치 산 평균의 팔십대 죽음 같고, 십일월에 지는 잎새는 용기 있게 살다간 인생 구십대의 죽음 같고, 십이월에 지는 잎은 보면 놀라운 건강으로 백수를 누린 인생같이 느껴진다.

온갖 꽃이 다투어 피는 따뜻한 봄에 떨어져 내린 파란 잎새들은 언제나 나를 깊은 슬픔에 젖게 한다. 삼십대에 이승을 하직한 막냇동생 때문이다. 푸르른 5월의 신록 속에 홀로 후드득 떨어져버린 파란 이파리처럼 아쉽고 슬프고 가슴 아프다. "한 가지에 나고 가는 곳 모르구나 아으" 하며 눈물로 제망매가(祭亡妹歌)를 불렀다. 막제 때 스님은 너무 젊어서 죄를 안 짓고 이 세상을 떠났으니 좋은 데로 가서 극락왕생할 것이라고 설법하면서 상주들을 위로했다.

요즈음 산책을 나서면 길거리 구석구석마다 한가득 누렇게 된 낙엽이 우수수 떨어져 쌓여있다. 아직 겨울도 가을도 먼 거리에 있는 8월 하순인데 말이다. 50여 일이 넘는 긴 장마기간에 나무도 진이 빠지고 지친 모양이었다. 거기에다 바로 들이닥친 폭염에 정신을 못 차렸는데 난데없이 세찬 폭풍까지 몰려왔으니 어찌 견뎌낼 수 있었으랴. 나뭇가지는 탈모된 두상처럼 허전하기만 하다. 올해는 아무래도 곱고 예쁜 단풍잎 보기는 어려울 것 같다.

나이 들어가면서 모든 것이 예사롭게 보이질 않는다. 아직도 푸르러야 할 8월에 그냥 떨어져버린 수많은 잎들을 보면, 난데없이 나타나 인간을 괴롭히고 있는 코로나 바이러스로 떼죽음을 당한 수많은 지구상의 인간들 같아서 마음이 어둡고 막막하기만 하다.

나뭇잎들의 마지막 모습도 사람처럼 다양하다. 아주 예쁘게 고운 색으로 단풍 들어서 마감하는 모습이 있는가 하면 벌레 먹고 찢어지고 희뿌옇게 변해서 떨어지는 잎도 많다. 인생의 마지막과 그 모습들이 다를 바가 없다.

나무는 그 잎이 떨어져도 내년에 또 잎새를 틔운다. 인생은 한번 떨어지고 나면 그것으로 영영 이별이다. 우리는 지구상의 모든 생명체와 마찬가지로 결국은 어디론가 영원히 떠난다. 어디로 돌아가는 걸까? 원래 있던 곳으로?… 자연 속으로…!

살아 있는 동안 아름답게 잘 살자! 미리 져버리지도 말고… 너무 오래 허접하게 매달려 있지도 말고. '우리는 늙어가는 것이 아니고 익어가는 것'이라고 노래하며 곱게 익고 단풍져서 예쁘게 살다가 아름답게 어느 날 대자연의 이치에 순응하며 뚝 떨어지자. 고운 단풍잎처럼.

노년의 하루를 되새기며…

생각할 겨를도 없이 선뜻 80이 찾아왔다
지나간 시간들이 빛의 속도로 명멸한다

분홍빛 기대와 한아름 설렘을 안고
서울에 유학한 지 벌써 60년이 지났다

공부하고 연애하고 결혼하고 애 낳고 키우고
공부시키고 유학 보내고 결혼 시키고 손자 보고…

서로 알콩달콩 티격태격 40여 년 간을
같이 지내던 나의 짝지도 떠난 지 벌써 14년여

연보랏빛 고운 유년과 해맑은 청년의 시간도

애틋한 희망과 노력과 사랑의 수많은 시간도

은빛 바다가 파도에 하얗게 부서져 일렁이는
늦중년의 시간도 이제 다 지나치고…

드디어 몸의 여러 곳이 반란을 일으켜
이곳저곳 아프기 시작하는 80고개에 올랐다

4월의 금빛 같은 해맑은 햇살 속에
민들레 철쭉의 환한 웃음을 바라보고 섰는데

노을이 저녁하늘에 주황색 그림을 그리며 지나간다
혼자 사는 사람의 정결한 정서로 하루를 이별한다.

그이 고전음악에 심취하다

대학원 시절 그와 한창 사귀고 있을 때 그는 나에게 진지하게 물어왔다.

"양자 씨는 만약 집에서 우리 두 사람의 결혼을 반대하면 과감하게 뛰쳐나와서 나와 단칸 셋방살이부터 하면서 살아갈 수 있겠어요?"였다. 그래서 나는 "절대 부모가 반대하는 결혼은 하지 않고 부모님을 설득시키고 말겠으며 또한 작은 전세집이라도 부모님이 해주실 것이다."라고 얘기했다. 그랬더니 나보고 부르주아 근성이 농후하다고 열내어 말했다. 자기는 마치 프롤레타리아의 전위 같았다. 그는 자신이 이리 가난하게 사는 것은 자신의 잘못이 아니고 사회제도의 잘못 때문이라고 했다.

아무튼 많은 에피소드를 남기면서 우여곡절 끝에 그와 나는 1964년 시월에 약혼을 하고 그 이듬해 사월에 결혼식을 올렸다.

그래도 친정아버지가 수유리 장미원 근처 맞은편에 자그마한 집을 한 채 지어주셔서 우리는 처음부터 집 걱정은 안하고 살 수 있었다. 혜화동 근처 동숭동에 있는 서울대 본부의 문리과대학 건물에서 동양사학과 조교를 하고 있었던 그는 아침에 8번 버스만 타면 바로 출근할 수 있었다.

생활환경과 자라온 모든 면에서 확연히 다른 면을 가진 두 사람은 공부를 한다는 일념만은 일치했다. 그는 서울대학교에 교수로 남기 위해 늘 열심히 했고 나는 석사학위를 따기 위해 논문쓰기에 열심이었다. 그런 가운데 전혀 일치하지 않는 정서적인 면에 부딪쳤다. 그는 오랫동안 고학하고 살아온 삶이 힘들어서였는지 아니면 삶의 방법이 달라서인지 암튼 서양 고전음악에는 전혀 취미를 키우지 못하고 있었다.

반대로 나는 여러 동생들과 함께 피아노 선생님을 집에 모셔서 모두 체르니 40번까지는 다 배웠다. 그리고 집에 크고 좋은 전축이 있어서 고전음악을 많이 들으며 지냈었다.

결혼 후 둘이서 다방에 갔다가 일어서려는 즈음 모차르트 음악이 나오기에 "우리 이 모차르트 곡 마저 듣고 나갑시다." 하니까 "모차르트고 뭐고 그냥 집에 가자."라고 하기에 깜짝 놀랐다.

고전음악의 세계! 그것은 또 다른 하나의 세계를 열어주는 아름다운 길이 아닌가. 그걸 모르는 그이가 너무 안타까웠다.

그래서 그이에게 고전음악을 익히게 하기 위한 노력을 경주했다. 우선 제일 먼저 포터블 전축을 하나 장만했다. 물론 그 시절엔 TV도 없었지만 TV방송이 나오고 나서도 1년 이상이나 늦게야 장만할 수 있어서 똑똑했던 큰딸애는 친구와 놀면서 온갖 책이야기는 다해도 TV만화 이야기만 나오면 입을 다물고 있었던 상황이었다.

그리고 그이의 음악 래퍼토리는 '황성 옛터', '울고 넘는 박달재', '낙화유수', '눈물 젖은 두만강' '돌아가는 삼가지' '봄날은 간다' 등이 전부였다. 그중 '바위 고개' 한 곡만 예외로 가곡이었다.

아무튼 그이의 음악 교육에 강제성을 띠어서는 역효과이므로 강제성이 아닌 자연스러운 심취로 나아가게 하기 위해선 참으로 조심스러운 전략이 필요했다. 그 시절엔 LP가 아닌 SP판이 많았고 그것을 사서 들려주되 어떤 곡부터 선택할 것인가를 생각했다. 우선 그는 의지의 사나이니까 먼저 베토벤 음악으로 정하고 선곡은 시골출신이니까 6번 전원 교향곡으로 정한 뒤 수시로 모르는 척 틀어놓았다. 그리고 그 다음은 5번 운명 교향곡 그리고 또 그 다음은 3번 영웅교향곡으로 이어졌다.

아이들을 데리고 방학 때 부산 친정집으로 우리들이 다녀올 경우 서울에 혼자 남아 있던 그는 너무 열심히 레코드판을 틀어서 듣는 바람에 에스피 판의 윗면이 다 닳아 벗겨지고 원본 음악이 나올 정도였다.(옛날은 흔히 그렇게 판이 만들어지고 있었다)

그렇게 얼마의 세월이 지난 후 그는 드디어 어느 날 "야~ 베토벤 임마 정말 찔기다.(질기다. 인내심이 있다의 경상도 말) 마음에 드는데….” 한다. 아마 박력 있는 베토벤의 모든 곡의 마지막 부분이 그칠 듯 그칠 듯 이어가며 끝을 내는 그 끈질긴 느낌과 박력 있는 멜로디가 마음에든 모양이었다. 이렇게 하여 일단 고전음악 심취 프로젝트는 일 단계를 성공하였고 그 후 9번 합창 그리고 그 감성적인 7번 교향곡까지 매일 들려줌으로써 어느새 베토벤 음악을 좋아하고 마스트하게 되었다. 그 다음은 차이코프스키, 모차르트, 브람스, 쇼팽, 파가니니로 이어졌다. 그 이후 그는 점차적으로 음악에 심취하게 되면서부터 오디오 시스템을 사 모으기 시작했다.

우리가 부산으로 가족 대 이동을 한 이후, 서울에 갈 일이 생기면 그는 반드시 유명한 용산상가에 가서 한 번씩 둘러보고 오디오 시스템을 하나씩 하나씩 사서 오면서 갖추기 시작했다 그리고 LP판도 CD도 많이 사오기 시작했다. 마지막에 그가 심취한 곡은 파가니니의 바이어린 협주곡이다.

우리 집에 오는 사람들은 좁은 집을 가득 메우고 있는 커다란 오디오 시스템에 놀란다. 스피커는 쌀뒤주보다 훨~ 큰 크기의 에딘버러(Edlnburgh) 두 개에, 또 작은 뒤쪽과 중간의 작은 스피커 탄노이(Tannoy)까지 3개이고 턴테이블은 토렌쯔이며 AV오디오는 온큐 인테그라(Onkyo Integra)이며 진공관은 Cayln이고 저음 조절장치는 야마하의 Subwoofer System이며 씨디 플레리

어는 파이오니어다. 유명 음대교수가 우리 집에 와서 보고는 음향이 대단하다고 극구 칭찬할 정도가 된 것이다.

이만하면 그이에 대한 고전음악 심취 프로젝트는 성공한 셈이었다.

물론 음정도 정확하고 목소리도 좋고 해서 노래도 잘 불렀던 그의 음악성에 나는 작은 불을 지핀 것뿐일지도 모른다. 다만 그는 열악한 환경 속에서 삶에 쫓기다 보니 고전음악에 대한 이해의 기회를 얻지 못했을 따름이었으리라.

60대 70대에 술 담배 다 끊고 음악과 등산과 난초 키우기에 취미를 붙였던 남편은 온화하고 평화로워 보였다. 그는 틈만 나면 웅장한 오디오시스템을 작동하고는 고전음악에 심취했다. 아랫집에서 시끄럽다고 할까 봐서 두꺼운 돌로 된 바닥 깔개까지 장만해서 큰 스피커 밑에 깔아 두었다. 정말 그는 고전음악에 심취했었다. 그이의 만년에는 더욱 그러하였다. 마지막으로 세상을 떠나게 될 때까지….

그리고 특히 암이 발명하고 난 뒤 병원에 입원하기 전후하여 우리 집에서 그는 밤이 늦도록 좋아하는 곡을 틀어놓고 열심히 감상하던, 그때 그 모습, 고전음악에 빠져있던 그의 마지막 모습들이 지금도 눈에 선하여 가슴 저리며 눈시울이 젖는다.

희수를 맞아 하고 싶은 말

77세가 되는 오늘, 제가 하고 싶은 말입니다.

나이 77세, 소위 축하하는 의미로 부르는 나이 희수(喜壽)가 되었습니다. 제 나이 같지가 않게 참으로 많이 나이가 들었습니다. 지나온 세월을 혼자 가만히 생각해 봅니다.

좋은 교육환경과 풍족함을 주신 부모님 슬하에서의 25년. 학구적이며 정직하고 강직한, 가난한 남편과 살며 인생을 배우고 익힌 45년. 그 사이 애 셋을 낳아 키우고 교직생활을 30여 년 했습니다. 그리고 지금은 혼자된 지 8년이 되는 오늘입니다.

이 모든 일들은 저에게 오늘이 있게 한 밑거름들이었습니다.

부모님은 이미 돌아가셨고 남편도 어인 일로 76세로 빨리 떠났습니다.

떠나신 분들께 이 자리를 빌어 깊이 감사하다는 말씀을 드립니다.

감사합니다. 대단히 감사합니다.

나의 세 아이들에겐 배려하면서 따뜻하게 잘 해주지 못한 일들에 대해 미안하다고 이야기하고 싶습니다. 그러나 하나같이 올곧게 자랑스럽게 잘 커주어서 고맙습니다.

손자 손녀들도 아빠 엄마처럼 잘 커주리라고 믿습니다.

얘들아 정말 고맙다!

앞서 말한 자식들이 큰딸은 직장(학문)과 집안일을 끝까지 다 잘 해낸 엄마라고 했습니다. 큰아들은 엄마는 잔 다르크라고 했습니다. 둘째 아들은 엄마는 계획한 대로 언제나 열심히 잘 실천해냈다고 했습니다.

큰손녀는, 고맙게도 할머니는 자기 인생의 롤모델이라고 했습니다. 나의 시누이 김난순씨는 가난한 집에 시집와서 참 수고 많았고 고맙다고 했습니다. 도리어 내가 감사했습니다.

희수 생일날 함께 모이신 분들은 나의 직계 진핏줄 11명, 그이의 유일한 여동생인 고모집 식구 9명, 그리고 나의 여동생 경휘 부부, 나의 올케 신희선 아우와 종석이. 이렇게 24명이었습니다. 장소는 조촐한 뷔페의 단독방이었어요.

은진이는 직장이 멀리 있어서, 문희 아들 성훈이는 군복무중이라 못 왔습니다.

참으로 감사한 하루였습니다.

그래서 나는 이 고마움에 보답하고자 미리 준비하여 생애 처음으로 『자성의 길목에서』라는 제목의 시집을 발간했습니다.

그 시집의 앞머리에 이렇게 썼습니다.

늦게 만나게 된 시작(詩作)의 길이라 스스로 부족함을 잘 알면서도 오늘 77세의 나이를 맞이하여 희수(稀壽)라는 생애의 길목에서 감사와 자성과 인간다움에 대해 생각하면서… 많이 부끄럽지만 그간의 글을 모아 시집을 내기로 하였습니다.

저는 누군가에게 미소를 짓기만 해도 베푸는 사람이 될 수 있다는 것을 배웠습니다.

따뜻한 말 한마디, 지지 의사 표시 하나가 누군가에게는 고마운 선물이 될 수 있다는 것을 알았습니다.

'자기가 태어나기 전보다 세상을 조금이라도 살기 좋은 곳으로 만들어 놓고 떠나는 것, 자신이 한때 이곳에 살았음으로 해서 단 한 사람의 인생이라도 행복해지는 것이 진정한 성공'이라면 우리는 매일의 삶 속에서 성공을 축적해 갈 수 있습니다.

성공은 결과가 아니라 과정인 것을 깨닫습니다.

저의 인생은 지금 어느 지점쯤에 와 있는 것일까요?

가만히 걸어왔던 길을 뒤돌아봅니다. 삶이 항상 내편만은 아니었지만 친구도 적도 아니었습니다. 그 과정은 다만 인내였고 또한 힘찬 최선의 노력이었습니다. 먼 기억들을 되새기며 운 좋게 오늘에 이르렀음을 자축해 봅니다.

고난이 있었지만 고난은 축복의 또 다른 이름이었고 아픔은 언제나 행복을 옵션으로 가져다주었습니다.

이제야 깨닫습니다. 행운 뒤에는 노력이 있었음을….

지금은 그냥 큰 욕심 없이 편안합니다. 맑은 공기, 눈부시게 흐르는 햇살, 고운 황금빛 저녁노을 앞에 마음을 열면 곳곳에 흐르는 사랑의 물결이 빈 인생을 가득 채우고 나라와 자식을 위한 간절한 기도만이 마음속에 가득합니다.

우리는 어디서 와서 어디로 가는 것일까요.

잠시 빌려 쓰다 가는 생명 되돌려 줄 차례인 나이…, 자성(自省)의 길목에 서서 인간이 인간답다는 가치를 되뇌며, 삶에 감동하면서… 따뜻한 마음으로 생을 다할 때까지 서로의 마음을 잇는 고운 시를 쓰도록 노력하겠습니다.

- 2017년 3월 20일 희수를 맞으며

삶은 고운 빛깔로 물들어 가는 것

며칠 전 '82년생 김지영' 영화를 보았다. 소설은 보지도 않았으며 페미니즘이란 거대한 담론을 얘기 하고자 하는 것도 아니다. 나는 41년생이니까 40년이나 세대 차이가 난다. 무엇 때문에 산후 우울증이 생길까? 나는 아이 셋을 낳아 젖 먹여 키우면서 생활은 쪼들려도 이쁘기만 하고 늘 마음은 가득했는데…. 물론 시대적 차이와 세대 차이가 있으니 같을 수가 없다. 문제는 자기를 찾고 바로 세우기 위한 자기 일의 문제였다. 결국 지영이도 국문과 출신의 재능을 살려 신문이나 잡지에 글을 싣기 시작하면서 자신을 똑바로 세우고 살아갈 의욕을 되찾는 모습으로 클로즈업 된다.

지금도 가만히 지나간 나 자신을 생각하면 늘 공부해야한다는 열망과 강박관념에 시달리며 살았다. 석사과정만 마치고 25세에 결혼하여 연달아 애를 낳았으나 매일 저녁 애들 재워놓고 발치에다 작은 상을 놓고 앉아 논문 쓴다고 헤매었다. 공부를 해야 한다. 논문을 써야한다. 결국 2년여의 세월이 지나 석사학위를 받을 수 있었다. 그 이후 오늘에 이르기까지 50여 년의 세월이 흘렀다. 그 세월 동안 나는 박사학위도 받으면서 내가 전공한 중국사라는 학문에 대해 끊임없이 도전하였다. 대학에 재직하는 동안은 잘 가르치는 것도 중요하지만 논문 업적 쌓기도 중요했다. 가르치고 논문 쓰고 번역하고 강연 다니고 늘 바쁘기만 했다. 어쩌다 쉬는 날 TV를 보면서도 내가 이런 여유가 있나? 하며 매번 자문했을 정도였다.

그러다가 2006년 65세에 정년퇴임을 했다. 몇 년 후 남편이 암으로 세상을 떠났다. 나에게서 모든 것이 떠나간 것이다. 애들은 이미 다 결혼해 떠났고, 남편도, 직장도 다 떠났다. 그러나 나는 공부까지 떠나보낼 수는 없었다. 다시 나를 붙들고, 일으켜 세우기 위해 계획표를 짜고 새삼 배우러 다니고, 번역하고 책 쓰기를 계속했다. 기회란 모든 것이 준비된 사람에게만 찾아오는 것이 아니라 오히려 무언가를 찾고자 하는 사람들에게 발견되는 것이다. 또한 가슴에 별을 간직한 사람은 어둠 속에서 길을 잃지 않는다는 말이 있지 않은가?

늙는다는 것은 겉모습이나 피부가 늙을 뿐 공부하는 능력이나 이해력까지도 늙는 것은 아니었다. 늙어도 공부는 할 수 있었고 강연도 할 수 있었다. 거기에다 처녀 때의 로망이었던 문학에도 나는 도전장을 내밀었다. 부산대학교 평생교육원에서 시창작과 수필 강의를 몇 학기씩 수강하며 공부한 결과 서툴지만 시도 수필도 등단하는 기쁨을 누렸다.

곱게 잘 늙어 장수하는 데는 네 가지 요건을 갖춘 분들이 대부분이었다는 장수연구학자의 말을 기억한다. 첫째, 자신의 일은 자신이 다 한다. 둘째, 남을 도우는 일에 열심이었다. 셋째, 배우는 일에 손을 놓지 않았다. 넷째, 좋은 인간관계를 맺고 있었다고 한다. 그래서 1.하자 2.주자. 3.배우자 4.맺자 이 네 가지면 된다고 하니 얼마나 좋은 일인가.

나는 나 자신의 모든 일은 스스로 다 하고 지내며, 다른 이에게 따뜻한 말 한마디라도 놓치지 않고 서로 정을 나누려 노력하고 애쓰며, 논어도 주역도 맹자도, 시도 수필도 배우며, 그 과정 속에서 많은 좋은 인간관계를 맺고 있다. 활기차고 즐겁고 보람 있는 삶을 영위 하려고 늘 애쓰며 산다. 삶이란 나이가 들어서 늙어가는 것이 아니고 곱게 물들어 가는 것임을 느낀다. 인생은 나이로 늙는 것이 아니고 이상의 결핍으로 늙는 것이라 하지 않았던가!

마지막으로 김열규 교수의 『노년의 즐거움』 중에서 몇 구절을 옮겨 적어본다.

노년은 새로 전개 되는 제3의 삶이다.

나이와 화해를 배우며 불편과 소외에 적응하고 감사와 사랑에 익숙해야 한다.

기대수치를 최대로 줄이고 현실에 적응하는 슬기는 제3의 삶을 편하게 한다.

건강과 절제와 경제력이 준비가 되어있다면 제3의 삶은 생활의 멋을 알아가는 기회다. 삶의 전 과정은 노년을 위한 준비라고 할 수 도 있다.

노년이라는 제3의 삶을 완숙되고 아름답게 살기 위해서 힘과 여유가 조금이라도 남아 있을 때 준비하는 것이 현명하다.

노년은 일찍 죽지 않은 한 누구나 만나는 인생의 소중한 과정이다.

당당하고 멋진 노년이 되느냐 지탄받고 짐이 되는 인생으로 살 것이냐 하는 것은 자기하기 나름이다.

길어진 제3의 삶을 생각하지 않고 있는 대로 낭비하며 노년의 건강을 생각하지 않고 질펀하게 먹고 마신 결과는 노후의 병고와 가난이라는 복병을 피할 수 없다.

노년에게 주어진 제3의 삶을 사랑과 감사로 즐기는 것은 또 하나의 새로운 삶이다.

아직은 꿈과 희망을 버리지 말고 깨어있는 지성, 온화한 교양으로 즐겁게 살아야 한다.

나의 주례사

몇 년 전 일이다. 내가 늘 단골로 화분과 꽃다발과 꽃바구니를 사는 꽃집 예쁜 아주머니가 나에게 그녀의 아들이 결혼을 하는데 주례를 좀 서달라고 부탁했다. 나는 애초에 안 된다고 딱 거절했다. 제자들이 그렇게 주례를 부탁해도 여자가 무슨 주례를 서느냐고 딱 잘라 말했는데 이 늙은이가 이제 와서 아무도 모르는 분들 앞에서 무슨 주례를 서겠느냐고 완곡히 거절했다. 그래도 그분은 집요하게 부탁을 했다. 교수님처럼 똑똑하고 부부 금실 좋았고 애들 잘 키우신 분이 꼭 주례를 서 주어야겠다는 얘기였다. 아무리 이리저리 피해도 안하면 안 될 것 같은 직감 속에 기어이 승낙을 하고 말았다.

문제는 그 다음부터였다. 주례사로 무슨 얘기를 할 것이며 당일 날 도대체 옷은 무엇을 입을 것이며 등등 걱정이 태산 같았다. 그런 가운데 신랑 신부 될 사람들이 인사를 왔고 결혼 날짜는 다가왔다.

젊은 시절부터 대중 앞에서 강연은 많이 해보았지만 이 일은 강연이 아닌 주례를 서는 일이니 서투르고 당황하지 않을 수가 없는 일이다.

드디어 결혼식 당일이었다. 사회자와 만나니 결혼식 차례와 주례가 해야 할 일과 말들을 알려 주었다. 당일 날 옷은 검정 원피스에 흰 깃을 단 마치 신부님 같은 옷을 입고 준비한 주례사는 몇 번이나 읽고 또 읽고 했다.

시작할 시간이 지났는데 도대체 신랑 신부가 나타나지 않는다. 들어보니 강원도에서 버스를 대절해서 신부 측 식구와 손님을 싣고 오는데 경주쯤 와서 예기치 않게 경주 마라톤 행사에 꽉 막혀서 늦어지고 있다는 것이다. 그리하여 30분쯤 지연되었다. 우여곡절 끝에 하게 된 나의 주례사는 다음과 같다.

"반갑습니다. 이 풍요롭고 화창한 가을, 시월 셋째 주 주말에 결혼식을 올리는 신랑 신부에게 먼저 축하의 말씀을 드립니다.

제가 주례를 하게 된 경위는 저의 가장 사랑하는 이웃 아우님이며 신랑의 어머님이며 아름다운 꽃집의 경영자이신 안나씨의 요청에 의한 것입니다.

얼마 전 신랑 배상문 군과 신부 최정인 양이 저를 찾아왔었습니다. 그래서 얘기를 나누며 결혼을 하게 된 계기와 경위를 물었습니다. 그랬더니 신랑 신부 두 사람은 서로에게서 웃음을 함께하고, 어려움을 함께 나누고, 각자의 꿈을 북돋우며, 서로 소중히 생각해줄 수 있겠다는 믿음을 갖게 되었기 때문이라고 했습니다.

두뇌 우수하고 신뢰성이 두터운, 공군 관제사인 신랑 배상문 씨, 근면 성실하고 야무지면서도 온화한 치위생사인 신부 최정인 씨, 두 사람은 바로 그러한 믿음을 가슴에 품고, 오늘 이 순간을 영원히 간직하며 행복한 가정생활과 성공적인 사회생활을 훌륭하게 함께 만들어 가리라 믿습니다.

러시아에서는 항해를 떠날 때는 한번 기도하고, 전쟁에 나갈 때에는 두 번 기도하고 결혼을 하려할 때는 세 번 기도하라는 속담이 있습니다.

이 자리에 서 있는 신랑 신부 두 사람은 그렇게 세 번, 아니 그 이상 여러 번 결혼 생활의 행복을 염원하셨을 것입니다. 저 역시 두 분의 행복한 결혼을 위하여 충심에 어린 마음으로 두 가지 당부를 드리겠습니다.

첫 번째 부탁입니다. 무엇보다도 먼저 서로를 배려하십시오.

서로의 매력에 빠진 열정 속에서는 장점만 보입니다. 그 장점이 자신을 행복하게 해줄 것이라는 기대를 갖지만,, 사랑을 완성시키는 것은 열정이 아니라 상대에 대한 배려입니다. 행복은 상대가 갖고 있는 장점을 누리는 데서 오는 것이 아니라 약점을 감싸주는 데서 시작된다는 점을 잊지 마시기 바랍니다.

사랑의 완성을 위한 두 번째 부탁은, 서로가 서로의 경영자가 되라는 것입니다.

유능한 경영자는 회사 구성원을 구태여 변화시키려고 하지 않습니다. 또한 상대의 단점을 꼬집어내어 고치려하기보다는 장점을 활용해 생산성을 올립니다. 오늘의 신랑 신부는 서로 있는 그대로를 즐기는 방법을 배우십시오. 상대방을 자기에 맞게 고치려 하지 마십시오.

또한 서로가 해줄 수 없는 일을 요구하거나, 충돌이 자명한 상황을 만들지 않도록 노력하시기 바랍니다. 이 점을 기억하시면서 행동하고 살아간다면 두 분이 만들어 가는 가족회사의 팀워크는 영원히 탄탄해질 것입니다.

자 그러면 위의 두 가지 점을 명심하면서, 아들 딸 낳고, 부모님께 효도하고, 형제간 우애 있게 지내며, 따뜻하고 예쁘게 인생을 살아가시기를 기원합니다! 생각보다 우리 인생은 우주의 시간에 비할 때 그렇게 길고 무한한 것이 아니고 아주 짧습니다.

그리고 오늘 여기에 오신 일가친척과 내외귀빈께서는 이 두 분이 잘 살아갈 수 있도록 지도편달해 주시고 도와주시면서 진심으로 앞날을 축하해 주시기 바랍니다.

이상 당부말씀을 드리면서 이것으로 간단히 주례사에 갈음합니다. 감사합니다."

나의 경험에 어린 주례사를 겨우 마치고 기념 촬영까지 하고 난 뒤 그날의 모든 일을 끝냈다.

지금 이 부부는 딸 둘을 낳고 행복하게 잘 살고 있다. 나는 돌날에도 선물을 했고 은근히 하나만 더 낳으라고 얘기하고 있다.

30년 학문의 길, 이제 나의 몫은

30여 년 넘는 세월 동안 교육과 학문의 길을 걸어온 후 정년퇴직한 필자는 여러 가지를 생각해 본다.

먼저, 중국여성사 전공자로서 아시아 각국 학자들과 어깨를 겨룰 우리 여성학자들의 조직화와 공동연구는 다음세대의 젊은 여성학자들이 해야 할 몫이지만, 그 밑그림을 그려주고 씨앗을 심는 일에 계속적으로 협조해 나가야 할 일이 필자의 작은 몫이라 생각하고 있다. 그 일환으로 여성사 관련 외국 자료의 번역에 계속 매진해 후학들에게 작은 도움이라도 주고자 노력하고 있다.

또 한 가지 생각하고 있는 것은 중국사의 대중화라는 명제다. 교양과목 수강자 100여 명의 신입생을 앉혀 놓고 물어보면 고등학교 때 세계사를 배웠다는 학생은 2~3명에 불과하다. 요즘의 신입생은 모택동, 장개석은커녕 기본적인 한자도 모르기 일쑤다. 나날이 위협적인 존재로 커가는 대국 중국을 전혀 알지 못하는 우리 젊은이들의 현실은 나를 절망하게 한다. 지피지기(知彼知己)는 필승지본(必勝之本)인데 우리는 이렇게 중국을 몰라도 되는가.

그래서 대중 강연과 홈페이지, 싸이, 블로그, 카페, 트위터 등을 통한 대중적 중국사 강의 및 연재 그리고 중국사의 이해 확산을 위한 여러 노력을 계속하는 일이 필자에게 현재 주어진 중요한 과제라고 생각하면서 실행에 옮기고 있다. 이것은 또한 필자가 오랜 세월을 거쳐 습득한 지식의 사회 환원이라는 차원에서 사회에 봉사하고자 하는 또 하나의 길이기도 하다.

다음으로 연구 과정이나 강의 현장의 경험을 토대로 전공학문에 대한 연구법과 지침을 얘기해 봄으로써 후학들에게 줄 조언으로 삼고 싶다.

다 잘 아는 얘기지만 전공학문 연구에는 어학이 필수적이다. 이제 우리는 이미 지구촌 사람으로 통한다. 자기 연구 분야의 나라에 가서 그 나라의 말도 배우고, 그 나라의 자료를 보고 연구해야 함은 이제 선택이 아닌 필수다. 특히 한문과 중국어는 중국사 전공자에게 모국의 글자와 같아야 한다. 또한 이미 영어는 평상적으로 익히고 있어야 하는 시대다. 외국어라는 잘 드는 양 날의 도구만 있다면 학자는 멋진 연구를 해낼 수 있는 자본을 가진 셈이다. 국제학술대회에서 벌써 중국어와 한문은 영어 못지않게 일상 언어가 되고 있다.

그리고 학자는 격물치지(格物致知)의 자세로 연구에 임해야 할 것이며, 강단에 선 교수는 성의 정심(誠意正心)의 자세로 학생들을 보다 넓은 시야에서 열정적으로 애정을 다해 바르게 가르치고 이끌어 주어야 한다고 생각한다. 여기에 빠져서는 안 될 것이 후배와 학생들에 대한 따뜻한 격려와 사랑이다. 이것이야 말로 약화되고 있는 인문학, 특히 동양사학에 있어서 전공자들을 많이 배출할 수 있게 하는 힘이 될 것이다.

또 한 가지 연구 분야에 있어서 필자가 후학들에게 조언하고 싶은 것은 번역도 중요하지만 질 높은 논문을 더 많이 써야 한다는 사실이다. 필자는 별로 학문적 업적이 많지는 않지만 나름대로 번역에 많은 시간을 할애했다. 그러나 학자의 생명은 연구논문을 많이 쓰는 일이라고 생각한다. 그 논문이 모여지면 단행본 책이 나올 수 있는 것이다. "학자는 논문으로 말한다"는 언제나 통하는 만고의 진리인 것이다.

마지막으로 역사교육과 연구자 처우에 대해 관련 당국에 다음의 사항을 건의하고 싶다.

우리나라 역사교육의 문제점은 여기서 일일이 나열하지 않아도 우리 사학계의 교사, 학자, 교수들은 물론 일반인까지 다 알고 있는 사실이며 이미 관계 당국에 호소문, 건의문을 낸 바

있다. 당국은 한국인의 정체성 형성과 세계화를 위해 하루 빨리 한국사 및 세계사 교육에 대해 적절한 대책을 마련해주길 바란다.

아울러 관련 당국에서는 인간 본능을 포기하다시피 하며 학습과 학문연구의 고행 길에 들어서서 국내외에서 학위를 받은 수많은 학자들 즉 고급두뇌들이 연구소라든지 혹은 관련 기관에서 일할 수 있게 해줌으로써 나라에 유용한 인재로 거듭나게 할 정책과 방법을 시급하게 마련해주기를 간곡히 바란다.

*2010년 『교수신문』 원로칼럼에 실은 내용입니다.

삶에 감동하는 날

오곡백과가 익어가는 가을의 첫 단추, September! 세월은 변해도 오랜 풍파 속에 늘 그 자리를 지키는, 언제나 변함없는 '당신'과 그리고 '나'이고 싶었습니다.

가을이 머무는 시간 10월…. 회상과 사색과 명상 속에 곡식도 과일도 잎사귀도 인생도 노랗게 빨갛게 익어가는 계절에 정갈한 고요함으로 묵상하고 싶었습니다.

겨울로 향해가는 11월, 안개 속에 흔들리는 마지막 잎새들…. 황혼과 함께하는 연륜의 저뭄 속에 우리의 마음은 아득한 추억으로 물들었습니다.

이제 또 한 해를 보내는 마지막 달 12월, 철새들은 이미 떠났지만 겨울을 녹이는 가족의 사랑을 두텁게 하며 힘을 내어 새해의 희망을 설계해 보고 싶습니다.

정년퇴임 한 지도 벌써 17년. 산수(傘壽)의 고개를 넘어 83세의 나이를 맞이하며 오늘, 산다는 것, 행복, 인간답다는 것을 생각해 봅니다.

1941년에 태어나서 1945년 5살 때 해방을 맞이했으며 1950년 10살 때 한국전쟁을 겪었습니다. 유엔군이 학교에 주둔했으므로 우리들은 학교를 떠나 칠판을 들고 다니며 비가 오나 개나 영도 봉래산 곳곳을 헤매면서 공부를 했습니다. 전쟁이 치열해지면서 낙동강까지 전선이 밀려내려 왔고 미군 부상자들이 많아져서 그 당시 영도로 들어가는 입구에 있던 부산시청은 오륙군 병원으로 불리며 부상자들의 입원병원이 되었습니다.

미군 아저씨들을 위문하기 위해서 우리는 위문공연을 갔습니다. 나는 노래를 잘 불렀기 때문에 항상 독창을 했습니다. 곡목은 '보리수(린덴바움)'였습니다. 이 노래는 독일 노래지만 세계적인 명곡입니다. 그래서인지 붕대를 감은 젊은 유엔군 부상병 아저씨들은 미소를 지으면서 크게 박수를 많이 쳐주었습니다.

명령에 따라, 싸우기 위해 저 멀리 떨어진 아시아의 작은 나라에까지 왔지만, 이 듣도 보다 못한 가난하고 추운 작은 나라에서도 어린이들이 저런 노래를 할 줄 아는구나, 하고 생각하는 모양이었습니다.

소련의 불참으로 유엔에서 거부권행사가 없었기에 15개국 유엔군이 우리나라에 와서 싸워 줄 수 있었고 오늘의 대한민국이

가능해진 이유였음은 하나의 기적이었습니다. 나는 아직도 우리나라 애국가의 한 구절 '하느님이 보우하사 우리나라 만세'를 굳게 믿고 있습니다.

1960년 20살, 대학교 2학년 때는 서울에서 4·19민주화 혁명을 맞아 앞장섰었습니다. 경무대(지금의 청와대) 앞까지 걸어간 우리 학생들에게 내무부장관 최인규는 학생을 향한 발포 명령을 내렸습니다. 동료들은 피를 쏟으면 쓰러졌습니다. 그리고 이듬해 5·16을 겪었고, 대학원 시절 6·3시위로 대학문은 굳게 닫히고 하루도 조용한 날이 없었습니다. 1972년 10월 유신도, 1979년 부마항쟁도 저항감 속에 맞았고 늘 울분을 삭혀야했습니다.

조국의 민주화와 민족 역사의 고비 고비를 다 지나쳐오면서 그래도 자랑스러운 것은 학생들이 이 나라의 민주화를 앞당기는데 큰 몫을 했다는 사실입니다. 우리는 이제 화합하고 배려하고 서로 도우며 이 나라의 발전과 굴기를 위해 최선을 다 해야 합니다. 정치인도 국민도 모두 올바르게 정신을 차려야 합니다.

오늘 저의 인생은 산수의 고개를 넘은 노인에 머물러 있습니다.

나는 누군가에게 미소를 짓기만 해도 베푸는 사람이 될 수 있다는 것을 배웠습니다. 그 후 세월이 흐르면서 따뜻한 말 한마디, 지지 의사 표시 하나가 누군가에게는 고마운 선물이 될 수 있다는 것을 알았습니다.

“자기가 태어나기 전보다 세상을 조금이라도 살기 좋은 곳으로 만들어 놓고 떠나는 것, 자신이 한때 이곳에 살았음으로 해서 단 한 사람의 인생이라도 행복해지는 것” 이것이 진정한 성공이라고 갈파한 랄프 왈도 에머슨의 말처럼 우리는 매일 매일의 삶 속에서 성공을 축적해 갈 수 있습니다. 성공은 결과가 아니라 과정인 것을 깨닫습니다.

가만히 생각해 봅니다 내 인생은 지금 어느 지점에 와 있는 것일까 하며 걸어왔던 길을 뒤돌아보기도 합니다. 인생이 항상 내편만은 아니었지만 삶은 친구도 적도 아니었습니다. 그 과정은 다만 인내였고 또한 힘찬 최선의 노력이었습니다. 저 먼 기억들을 되새겨보며 운 좋게 오늘에 이르렀음을 자축해 봅니다. 고난이 있었지만 고난은 축복의 또 다른 이름이고 아픔은 언제나 행복을 옵션으로 가져다줬습니다.

이제야 깨닫습니다. 행운 뒤에는 노력이 있었음을…. 지금은 그냥 큰 욕심 없이 편안합니다. 맑은 공기, 눈부시게 흐르는 햇살, 상큼한 황금빛 저녁노을 앞에 마음을 열면 곳곳에 흐르는 사랑의 물결이 빈 인생을 가득 채우고 나라와 자식을 위한 간절하고 편안한 기도만이 마음속에 가득합니다.

우리는 어디서 와서 어디로 가는가. 잠시 빌려 쓰다 가는 생명 되돌려 줄 준비를 하는 오늘은 인간이 인간답다는 가치를 되뇌며 삶에 감동하며 목이 메는 날입니다.

박경리 씨가 남긴 구절들이 친구처럼 다정한 날입니다 .

다시 젊어지고 싶지 않다.
모진 세월 가고
아~ 편안하다.
늙어서 이렇게 편안한 것을
버리고 갈 것만 남아서 참 홀가분하다.

따뜻하고 편안한 나날들

11월도 초순. 가을의 햇살이 너무나 환하고 따뜻한, 오늘 하루의 행복한 시작이다.

요즘은 바쁜 생활 속에서도 열심을 부리고 보람을 느끼며 가을의 맑은 햇살처럼 행복하고 따뜻하다.

주역도 열심히 배우고 수필아카데미 공부도 정성을 다하고 시작(詩作)도 하고 또 중국어공부도 한문도 혼자서 시작했다.

어제는 뼈를 다쳐 오랜 투병생활 중 이제 마지막 치유의 시간을 맞고 있는 친구를 세 번째로 위로 방문을 하여 맛있는 점심을 먹으며 따뜻하고 즐거운 시간을 함께 보냈다.

친구가 좋아하는 갖가지 콩을 합쳐 요리한 콩자반과 작은 게무침을 한가득 사갔다. 친구는 고맙다고 또 나에게 선물을 준다. 지인이 보내준 고소한 가을 멸치 추젓 한 병! 서로 간에 회포를

풀고 난 뒤 또 다음을 약속하고 집으로 돌아왔다.

요즘 김치는 배추김치일 경우 만들어 파는 것을 사면 오히려 싸고 맛도 더 있다. 그리고 나의 경우 혼자 사니까 겨울에도 네댓 포기만 있으면 김장처럼 봄까지 먹을 수가 있다.

요즘은 참 좋은 세상이다. 맛있게 담가 파는 김치에 잘 보관할 김치냉장고까지…. 그래도 무, 깍두기나 양배추김치는 내가 담근 만큼 맛도 없고 또 입에 맞지도 않는다. 그래서 집에 오면서 큰 무를 두개 사왔다 무도 참 싸다. 이렇게 큰데 하나에 1천원이라니…. 집에 있던 반쪽과 합쳐서 무부터 잘 씻어서 물을 빼고 함께 사온 잔파도 씻어 놓는다. 큰 깍둑썰기로 무를 다 쓴 후 약하게 소금 간을 하고 그냥 잇달아 고춧가루와 마늘, 설탕에 방금 얻어온 맛좋은 멸치젓국을 넣고 주물러 치댄다.

무가 달아서 맛이 일품이다! ㅎㅎ 김치 담기 끝! 이날 저녁은 모처럼 요리에 신났다.

오늘 아침에는 우리 강아지 죠이의 성화에 6시 반에 일어나 앉았다. 죠이의 로망은 산책이다. 7시에 집을 나선다. 짖고 뛰고 당기며 기뻐 난리다. 날씨가 제법 쌀쌀하니 옷도 단단히 챙겨 입었다.

비둘기에게 줄 곡식도 넣고 매일 가는 온천천으로 오랜만에 나갔다. 감기가 한 달을 끄는 통에 그냥 오전 중에 아파트 단지 내를 오가며 산책을 시켰었는데 이젠 거의 나아서 온천천엘 간

것이다.

늘 만나는 장애인 할아버지 그리고 몽실이 아빠, 콩이 할머니 등 아침 산책에서 만나던 분들이 반기면서 참 오랜만이라고 어디 갔었더냐며 인사가 만만이다. 참 정겹고 서로 반기는 이웃들이다.

산책 후 죠이의 손발 입을 씻기고 아침 준비를 한다. 오늘 아침 메뉴는 사과, 감, 양상추 샐러드에 요구르트와 아로니아, 두유 그리고 고구마 삶은 것 하나 견과류 등이다. 맛있게 먹은 뒤 의자에 앉아 집안을 둘러본다. 우리 부부가 세계여행 중에 사온 작은 물건들이 먼지가 소복한 채 진열되어 있다.

우리 부부는 1990년대 10여 년간 방학 때마다 40여 개국을 여행하였다. 남미, 북유럽, 동유럽, 소련, 발트3국, 프랑스, 이탈리아, 스페인, 터키와 인도, 실론, 인도네시아, 미얀마, 태국, 베트남, 캄보디아 등 동남아시아까지 다 돌아보았다. 중국은 학회 발표까지 합쳐서 12번이나 갔었다. 우리 부부가 주로 함께한 여행팀은 역사하는 사람들이 모인 교수들이라 각 나라에 대한 역사탐방 책자까지 야무지게 만들어 갔으니 알찬 여행이었다.

그러나 돈이 없기에 쇼핑은 거의 자제하여서 사온 물건이란 아주 작은 거북이, 코끼리, 그 지역 인형, 열쇠고리, 접시 등 작은 특산품들이다. 그이가 좋아해서 산 물건들인데 모두 다 장수를 상징하는 거북과 코끼리 등을 이리 많이 모았는데 그이는 왜

76세의 나이로 훌쩍 먼저 떠났을까?!

생각을 접고 청소를 한다. 하나하나 먼지를 닦고 예쁘게 자리에 다시 놓아둔다.

그리고 나의 반려식물들에게 물을 준다. 나는 동물이나 식물 키우기를 매우 좋아한다. 그리고 그 자라며 재롱 짓는 모습이 마치 살아 움직이는 것처럼 예쁘고 신기해서 어서어서 잘 자라라고 속삭여준다. 나에게는 반려식물들도 반려동물 못지않게 엔돌핀 돌게 하는 멋진 생명체들이다! 생명력의 끈질김! 참으로 신비하다.

드디어 커피 한잔을 마시고 컴퓨터 앞에 앉는다. 십 수년째 해오고 있는 블로그에 관심을 기울인다. 블로그 이름은 '여성을 통해 본 중국사' 내가 20여 년 전 주도한 국제학술대회 명칭에서 따왔다.

어제는 500명이나 나의 블로그에 들어왔구나. 오늘도 벌써 50명이나 왔다 갔구나. 뭘 제일 많이 관심 있어 했나? '높아진 한국의 위상'과 '한국 경제에 대한 걱정'과 '억새와 갈대의 차이'에 관한 것 그리고 '삼우제(祭)와 49재(齋)'가 궁금했구나.

나는 블로그를 하면서 즐거움을 느낀다. 그 이유를 나름대로 나는 혼자 이렇게 생각해 보았다.

1) 무엇보다도 먼저 블로그를 하면 즐거우니까.

2) 많은 사람들과 정을 주고받을 수 있고 또 그것이 좋아서….

3) 정년퇴직한 나에게 일반 대중과의 대화 통로를 열어주어 소통할 수 있게 하니까.

4) 블로그를 통해 나 자신이나 나의 글을 쓰고 정리정돈할 수 있기 때문에.

5) 예전엔 일일이 매일 매일 신문을 오려서 노트에 스크랩 해 저장했으나 이젠 마음대로 블로그에 저장하고 스크랩 해놓을 수가 있으니까.

6) 일정한 범위 내에서 나를 다른 사람들에게 보여줄 수 있고 이해시킬 수 있기에….

7) 중국역사를 가르치는 사람인, 선생님인 내가, 아는 바를 역사에 관심이 있는 다른 사람들에게 가르치고 전달해줄 수 있는 통로가 될 수 있기 때문에.

8) 서로가 따뜻한 감성을 공유할 수 있다는 행복감을 누릴 수 있으므로….

9) 다른 이들을 위한 정의 나눔이나 안부나 위로나 시적 공유를 통해 심적인 도움을 줄 수 있고 또 나 자신 도움을 받을 수 있다고 느끼기 때문에 그 도움을 주고받는다는 자체가 나에겐 행복감을 안겨주니까.

10) 블로그를 하면서 여러 가지 상식이나 뉴스를 접하므로

유식해지니까.

11) 블로그라는 나의 공간을 마음대로 나 자신의 미적인 감각을 발휘하여 아름답게 만들고 꾸미고 장식할 수 있고 음악도 많이 사서 선별적으로 들을 수 있기에….

12) 마지막으로 나는 이런 생각까지 해본다. 옛날 문인이나 정치인이 문집류를 많이 남김으로써 그것을 통해 그 시대상이나 역사적 사실들을 알 수 있듯이, 나도 이 시대를 대변해주는 괜찮은 신문, 잡지의 칼럼들과 나의 의견이 들어있는 글들 그리고 주고받으며 요즘 유행하는 카톡 내용들도 올림으로써 먼 훗날 내가 살았던 이 시대상을 후일 다른 이들이 이해하는데 도움을 줄 수 있지 않을까 하는 생각도 더불어 하고 있다.

지금 올려놓은 음악은 '아웃 오브 아프리카'의 주제곡 모차르트의 클라리넷협주곡이다. 이런 저런 이유를 대면서 나는 두어 시간씩 컴퓨터 앞에 앉아서 즐기며 지식과 정감을 공유한다. 이런 오전시간. 나는 행복할 수밖에 없다.

나이 들어도 한 학기에 두어 번씩 강연을 다니면서 나의 기억력도 테스트하며 살고 있다. 그래서 나는 요즘의 바쁜 생활 속에서도 열심을 부리고 보람을 느끼며 가을의 해맑은 햇살처럼 그냥 늘 행복하고 편안하다.

이렇게 80대의 나의 인생은, 그립고 외롭지만 따뜻하고 편안하게 흘러가고 있다.

여성의 나이 듦에 대하여

한국도 2025년이면 초고령사회에 들어선다. 그리고 통계에 의하면 한국여성은 남편 보내고 10년은 홀로 산다고 한다. 거의 대부분의 한국여성은 결혼 당시 남편보다 몇 살 어리고 또 여성이 6년 이상 더 오래 산다는 통계로 볼 때, 남편 보내고 10년 이상은 홀로 살아야 함이 일상적이다.

그렇다면 노년에 홀로 남겨진 여성들은 어떻게 잘 늙을 것인가에 대해 생각해 보지 않을 수 없다.

이같이 노인의 문제는 곧 여성문제로 귀결되고 있다는 점에서 고령화시대 '여성의 나이 듦'에 대한 대책을 생각해 보아야 할 때다.

평균 수명이 길어진 만큼 인생의 진정한 행복은 노년을 어떻게 보내느냐에 달려 있으며, 미리 이러한 문제점을 예비하는 것만이 행복한 인생을 보낼 수 있는 것이다.

무엇보다 중요한 것은 노후 먹고 살 수 있는 자금이 있어야 하고 혼자 살아갈 수 있도록 육체도 정신도 건강해야 한다. 모두 한결같이 한 방에서 5명 이상이 기거하는 감옥소 같은 요양원에서 인생을 마감할 수는 없는 일이다!

생각해 보면 젊은 날은 힘이 있고 아름다웠던 시기이기는 하다. 그러나 오늘의 늙어가는 우리의 모습은 젊은 날의 우리가 조금씩 변화하여 생기는, 한 과정의 모습인 것이다. 지금의 우리는 건강에 금이 가고 힘이 없고 소심하며 주위의 변화에 민감하고 외로움을 두려워하고 있다.

이 지상의 어느 누구도 크든 적든 이 과정을 경험하고 있으며 피해갈 수는 없는 일이다. 노년의 현상을 힘 있던 젊은 날의 필연적인 결과로 자연스럽게 받아들인다면 그리고 미리 노후문제를 준비한다면, 갑자기 닥치는 충격을 완화시킬 수 있다.

그렇다면 우리 여성들은 어떻게 노년을 잘 살아내야 할까? 여기서는 국가적인 대책이나 개인적인 경제 사정에 대한 얘기보다 일상적인 일이나 정신적인 면에서 우리가 생각해 보아야 할 일들을 얘기하고자 한나.

당당하게 예쁜 위도우(Widow: 과부)로 살아가기 위한 '하자' 십계명을 적어본다.*

1. 귀중품은 반드시 한 곳에 모아 두도록 하자.

2. 치아관리를 잘 하자. 치아는 뇌신경과 연결되므로 치매 예방에 도움이 된다.

3. 물건은 자주 정리하고 버릴 것은 버리는 습관을 갖도록 하자.

4. 혼자 있을 때에도 자주 웃고 행복하다고 외치자.

5. 베풀고 배우고 인간관계(동년배와 친숙하게 지낸다)를 맺고 긍정적으로 살자

6. 잘 입고 잘 먹고 명랑하자. 음식을 오래 음미하자. 전두엽 혈류량이 활성화된다.

7. 손놀림을 자주 하자. 두뇌에 자극을 주기 때문에 치매 예방이 된다.

8. 자손에게 잘 하자. 자손과 좋은 관계를 가지면 행복하다.

9. 고독에 강한 인간이 되자. 인생은 어차피 혼자 와서 혼자 가는 고독한 여정이다.

10. 늘 책을 읽고 글을 쓰고 외우고 두뇌를 단련하자. 그리고 한 가지 더 꼭 유언장을 평소에 작성해두자. 사전연명의료 의향서도 작성해 두어야 한다.

이제 노년의 정서적(情緖的) 행복(幸福)에 대해 생각해 보자.

행복은 주관적이어서 사람마다 다르다. 행복은 절대적이지 않고 상대적이다. 행복은 마음먹기에 따라 얼마든지 달라지며 변한다. 모든 것을 긍정적으로 보고 생각하는 사람이 보다 행복감을 더 가지는 것은 이 때문이다.

노년은 마음가짐에 따라 인생최고의 황금기다. 내면의 멋과 낭만을 즐기는 것이야말로 정서적 행복으로 가는 지름길이다. 늙음은 인생의 의미를 완성해 가는 최후의 기회다. 노년을 새로운 시각으로 보면 슬픔이나 고통, 상실보다는 성숙과 완숙의 과정으로 받아들일 수 있다.

노년에 조금 더 슬기롭게 노력하면 자기성찰이 주는 정서적 행복감을 누리며 마음 다스림에 익숙하게 되고 불만과 과한 욕망마저도 승화하며 곱게 잠재울 수 있다. 사람이 곱게 늙는 것은 축복이다. 늙음을 바르게 즐기는 것은 더욱 큰 축복이다. 늙음을 즐기는 것은 양보할 수 없는 노년의 권리며 아름다운 노년의 멋이다.

늙음은 삶의 완숙을 위한 과정으로 본다면 이를 즐기는 것은 현명한 노년의 바른 삶이다. 힘든 역경을 슬기롭게 참아낸 사람에게 주어지는 화려한 명예가 당당한 늙음이다.

감사와 만족과 사랑은 늙음을 즐기는 필수과목이고 소박과 겸손은 노년의 삶을 진정으로 즐기는 바른 길잡이다. 그리고 우아하게 늙는 5가지 묘약은 사랑, 여유, 용서, 아량, 부드러움이다.

곱게 잘 늙어 장수하는 데는 네 가지 요건을 갖춘 분들이 대부분이었다는 장수연구학자의 말을 기억한다.

나는 나 자신의 일은 스스로 하며, 다른 이에게 따뜻한 말 한마디라도 놓치지 않으며, 주위의 모든 분들에게 나눔을 실천하며, 논어도 주역도 시도 수필도 배우며, 그 과정 속에서 많은 좋은 인간관계를 맺고 있다. 긍정적이며 활기차고 즐겁고 보람있는 삶을 영위하려고 늘 애쓰며 산다. 삶이란 나이가 들어서 늙어가는 것만이 아닌 곱게 물들어 가는 것임을 느낀다. 인생은 나이로 늙는 것이 아니고 이상의 결핍으로 늙는 것이라 하지 않던가?

*강순경의 『골드위도 홀로서기』 참조

4.

그대들에게 주는 말

신입생 여러분에게

그간 정말 애썼습니다.

여러분들의 대학 진학을 진심으로 축하하고 환영합니다. 여러분들은 초·중·고 12년간 배우고 닦아온 모든 지식을 총 마무리하여 높은 경쟁을 뚫고 대학에 들어감으로써 이제 자유와 자율에 의해서 자신을 올바르게 세우고 학문연마에 힘쓸 수 있는 대학생이 된 것입니다.

대학생이 된다는 것은 아직 오늘의 시대에서도 선택된 사람들입니다. 그러므로 자각과 책임이 뒤따라야 합니다. 여러분들은 이제 청년기의 시작을 위해 첫발을 내딛고 있습니다.

이 황금 같은 청년기의 대학시절을 어떻게 보내느냐에 따라 우리 인생의 성패가 결정될 수 있습니다.

꽃도 그 성장기에 많은 보살핌과 양분, 햇빛, 수분을 주느냐에 따라 얼마나 더 크고 아름답고 향기로운 꽃을 피울 수 있느냐 하는 것과 비교될 수 있는 것입니다. 여러분의 훌륭한 인생의 꽃을 피우기 위해 자신의 무한한 가능성을 개발하고, 신념에 찬 인생설계를 위해 튼튼한 밑바탕을 마련해야할 시기가 바로 지금부터입니다.

물론 대학진학 후 실망과 회의에 빠질 수도 있습니다. 그것은 목표달성에서 오는 허탈일 수도 있고 낮은 목표달성에 대한 자책일 수도 있습니다. 그러나 인간은 언제나 현재의 자신에 만족치 않는 불만과 고차원적 욕구를 가지고 있습니다. 이것이야말로 발전의 원동력이 될 수 있습니다. 자, 이제 눈을 크게 뜨고 자신의 인생을 한번 조감해 보십시오. 청년기의 세월은 쏜 화살처럼 빨리 지나쳐 갈 것입니다.

프레시맨 때는 자유와 일탈과 방황 속에서 멋모르고 지나가는 빠른 1년을 경험할 것입니다. 2학년이 되면 동아리 활동, 전공진입, 우정과 애정 등 대학 생활의 진미를 느끼고 즐기다 보면 어느새 지나가 버립니다.

3학년이 되어 정신 차려서 공부하며 탐구의 열망을 꽃피우지만 그 기간은 너무나 빨리 지나칩니다. 어느덧 졸업반이 되면 장래문제, 취직 등 불안하고 초조한 세월이 유수같이 흘러가 버릴 것입니다. 여러분들이 나이 들어갈수록 세월의 흐름은 더 빨라질 것입니다.

이제 여러분들에게 대학시절 해야 할 몇 가지를 당부하고 싶습니다. 먼저 진리 탐구에 매진해 보십시오. 전공에 전념해 보십시오. 색다른 기쁨을 느낄 것입니다. 이제부터는 정말 자각하여 스스로 공부해야 합니다.

다음으로 독서를 계획적으로 한번 해보십시오. 그간 공부하느라고 마음 놓고 독서를 해보지 못했을 것입니다. 독서는 대학생의 의무와 권리이며 교양이며, 인생의 밑거름입니다. 그리고 동아리활동, 취미생활을 통해 자신의 삶의 폭을 넓혀나가십시오.

마지막으로 필수불가결한 인생의 두 가지 도구를 잘 익혀야 앞으로의 삶에 성공할 수 있습니다. 그것은 외국어와 컴퓨터 등의 최신 기술입니다. 이 두 가지 도구를 훌륭하게 구사하지 못한다면 낙오자가 됩니다.

청년기에 최선을 다한 경험은 여러분의 인생에 많은 깨달음과 성취를 가져다줄 것입니다.

이제부터 마음껏 자신을 개발하고 발전시키십시오. 인생엔 리허설이란 것이 없고 단 한 번의 공연만 허용됩니다. 그리고 훌륭한 대학생활을 해내고 올바른 사람이 되기 위해서는 다음을 명심하십시오.

첫째, 여러분들 자신을 신뢰하고 자존할 수 있어야 합니다. 자신에 관한 신뢰가 타인을 신뢰하는 중요한 부분이 되며, 자존이 타존을 가능케 합니다.

둘째, 한 분야에서 도 트인 도사가 되려면 무수한 반복적 노력을 해야 만이 가능합니다. 발전은 고생 속에서 움트고 창조는 고통 속에서만이 잉태됩니다.

셋째, 하루의 일상생활의 내용을 스스로 주관하여 하루를 평생을 사는 마음으로 살아야 합니다. 자신을 이길 수 있는 사람은 모든 것을 이길 수 있습니다.

넷째, 예절을 지키는 사람이 되십시오. 그것은 인간이 인간답다는 가치입니다. 예절은 비용 안들이고 모든 것을 얻을 수 있으며 자기를 가장 돋보이게 만듭니다.

다섯째, 나 하나쯤이 아닌 나 하나부터라는 마음으로 살아가십시오. 그래야만 이 사회를 올바르게 만들 수 있습니다.

여섯째, 현실에 너무 연연하지 말고 인생을 높고, 넓고, 길게 내어다보며 살아가십시오. 삶을 멀리 조망하지 못하고 코앞의 사실에만 급급하여 조급해하면 오히려 엉뚱한 방향으로 인생은 흘러가 버릴 수도 있습니다.

자, 이제 마지막으로 도산 안창호 선생의 얘기를 인용하겠습니다.

"그대 나라를 사랑하는가? 그러하면 그대 건전한 인격이 되라!"

"인재가 없다고 말하는 그대는 왜 인재가 되려고 하지 않는가?"

그럼 여러분, 열심히 노력하고 미래의 진로를 찾아가는, 보람 있고 즐거운 대학생활이 되시길 기원합니다.

여걸(女傑) 교수님의 추억

누군가 세월은 날아가는 화살과 같다고 했던가….

40중반에 접어드니 갈수록 세월은 가속을 받아 예전과는 비교가 되지 않게 그냥 '휙 휙' 지나가는 느낌이다.

여름 무더위가 한창 기승을 부리던 날, 낯선 번호가 찍힌 전화를 받았다.

"…정아무개 선생입니까?"

"그렇습니다만, 누구십니까?"

"오랜만이군. 날세, 이양자샘입니다."

"헉, 교수님 어쩐 일로…."

"나, 이번에 정년퇴임하네."

80년대 조반 대한민국은 우울했고 고달팠으나 대학 특유의 젊고 싱싱한 분위기는 암울한 현실 속에서도 유난히 빛났던 것으로 기억된다.

사학과에서 교수님을 처음 만났던 당시의 인상은 여걸(?) 그 자체였다. 좀 빠르지만, 시원시원한 말투에 특유의 호탕한 웃음까지…. 교수님은 주변의 우울함을 한 번에 날리는 묘한 매력이 있는 분이셨다. 당시 교수님은 나와 이웃한 아파트에 살고 계셨고 막내 아드님이 나와 나이 차이가 제법 나는 내 막냇동생의 학교 친구여서 색다른 친근감을 느끼고 있었다.

"정군, 요즘 공부 안 하제?"

"예?"

"어제 새벽에 자네 집 창을 보니 불이 꺼져있던데. 나보다 더 일찍 자면 우짜노?"

"허걱!"

당시 교수님은 아주 열정적으로 연구에 매진하고 있어서 종종 게으른 나를 당황하게 하였다. 그래서 일찍 자는 날이면 감시망에서 벗어나려고 일부러 방에 불을 켜놓고 자는 경우도 종종 있었다.(아마 이 사실을 알면 교수님은 기절하실 걸. ㅎ)

그 시절 사학과 하면 생각나는 것은 봄과 가을 두 번에 걸쳐 있는 고적답사가 떠오른다. 다른 과의 친구들은 유난히 그 답사를 부러워했다. 하기야 문화 사적지를 찾아본다는 구실로 허가 내 놓고 봄 가을로 그것도 매년 놀러(?) 다니니 부러울 만도 했겠다.

그런데 우리 문화재들은 어째서 주로 산 좋고 물 좋은 곳에 주로 위치하고 있는지 그것 또한 우리에게 주어진 복이었다. 답사가면 으레 벌어지는 밤의 술자리에서 교수님은 사양하지 않고 막걸리 한잔 쭉~ 들이키시고는 질질 빼지 않고 신나게 한 곡조씩 뽑으셨다. 그리고 우리들에게 모두 한잔씩 권하셨다. 그런 시원시원한 모습에 반한 친구들도 제법 있었던 것으로 기억된다.

그렇게 혈기 왕성하고 호탕한 교수님이 벌써 정년퇴임이라니…. 역시 세월은 화살이다.

아, 당시의 교수님 연세가 지금 내 나이와 비슷했다는 생각에 이르니 새삼 인생이라는 것이 무얼까 하는 생각이 드는데, 퇴임을 앞둔 교수님의 심정은 어떨지 약간은 우울해진다.

이 더위가 한풀 꺾이고 시원한 바람이 불어오면 그동안 잊고 있었던 교수님을 한번 찾아뵈어야겠다.

위의 글은 K중학교 교사인 정옥승 군이 보내온 이야기 내용이다. 그래서 나는 이 글을 나의 블로그에 올렸더니만 난데없이 이 학교를 졸업한 정옥승 군의 제자가 아래와 같은 댓글을 올려놓았다.

22년 전 정옥승 선생님의 제자였습니다. 그때 정옥승 선생님은 정말 시대를 앞서가는 선생님 같은 느낌이었습니다. 쩌렁쩌렁 울리는 목소리에 교실 안 아이들은 역사는 민족의 정신이다. 민족정신 갈고 닦아 참된 한국인 되자. 라는 구호를 외치고 퀴즈 부활전, 조별발표 순으로 수업이 진행되었습니다. 교과서는 없었고 아이들은 미리 교과서를 읽고 준비를 모두 다 해온 상태에서 수업이 진행되었고 중간고사 기말고사 전에 역사공부는 따로 안 해도 될 정도로 수업시간 공부로도 충분할 정도였습니다.

이제 정옥승 선생님도 정년퇴임이 다 되어가시는지 아니면 이미 정년퇴임을 하셨는지 궁금하네요. 선생님 결혼하신다고 애들이랑 다 같이 결혼식장도 가고 그랬었는데 몸 건강하게 잘 계시기를 기원합니다.

이 댓글을 보면서 참으로 신선하고 뿌듯한 느낌을 받았다.

동의대 출신 학생들은 대부분 순수한 인간미와 정겨움이 있었고 열심이었으며 모두 각자의 자리를 찾아서 좋은데 취직을 하였으며 지금도 자주 인사도 오고 카톡방을 통해서 연락을 하며 지내고 있다. 내가 선생님이라는 직업을 가졌음을 늘 감사하는 마음이다.

신용무 군과의 추억담

나의 정년퇴임을 전후한 즈음에 보내온 제자 용무군의 글이다.

선생님!

저희들이 찾으면 항상 사학과 연구실 그 자리에 계실 것이라 믿었는데 정년퇴임이시라니 무정한 세월이 원망스럽습니다.

1980년 사학과에 입학하여 강의실에서 교수님을 처음 뵈었을 때는 그 환하신 미소와 활기찬 에너지로 하여 강의실이 다 밝아지는 느낌이었습니다.

그때로부터 30년이 가까워 오는 세월이 지났지만 교수님은 여전히 왕성하신 학문 활동의 성과를 우리나라를 넘어 외국에 까지 넓혀가고 있으니 그 지칠 줄 모르는 기운이 어디에서 나오는지 못난 제자로서는 놀랍기만 합니다.

새삼 젊음은 육신의 나이가 아니라 마음의 상태라는 말이 생각납니다.

가끔씩 대학 시절을 떠올릴 때마다 제일 먼저 생각나는 것은 항상 교수님이었기 때문에 교수님과 함께했던 학창 시절의 추억담이야 얼마든지 있다고 생각했었는데 막상 노트북을 앞에 놓고 앉으니 슬픔인지 기쁨인지 제 머리가 악성바이러스에 감염된 것처럼 꽉 막혀버려 몇 번이나 컴퓨터 앞에 다시 앉기를 반복했는지 모릅니다.

어제같이 느껴지던 학창 시절이 사실은 4반세기도 넘게 지난 까마득한 옛날의 일이란 것을 절감해봅니다.

교사가 되고 싶어서 부산시 공무원을 퇴직하고 스물여섯 늦깎이로 동의대학교 사학과 1학년에 입학했던 1980년, 신군부의 재등장과 5·18광주민주화운동. 숨 가쁘게 돌아가던 우리 현대사의 굴곡만큼이나 당시 저의 대학생활은 당장 하루 세끼 밥도 걱정해야할 만큼 동가식서가숙의 연속이었습니다.

온 국민의 시대적 화두였던 민주화마저 사치로 여겨질 만큼 힘들었던 날들이었습니다.

"이봐라, 용무야! 점심은 먹었나?"

"예. 묵었습니다."

"참말이가?"

안경 너머로 저를 바라보고 계시던 교수님의 그 따뜻한 시선은 힘들고 어려운 학창시절을 버티는 큰 힘이었습니다.

저희들의 눈과 귀를 집중시키시며 항우와 유방의 함곡관 싸움을 꼭 눈앞에서 보고 계시는 것처럼 열강을 하시던 모습, 새동래 아파트 교수님댁에서 집안일을 맡고 있던 상냥하고 마음씨 고운 처녀가 차려 내주던 맛있는 밥상, 고적답사 때 죽령고개에서 정덕이랑 더덕막걸리에 취해 교수님에게 꾸중 듣던 일, 그리고 잠시 후 마음이 여리신 교수님께서 이봐라 용무야, 막걸리 남은 것 없냐? 하시면서 슬그머니 용서해주시던 일들하며 갑자기 많은 일들이 한꺼번에 떠오릅니다.

하지만 엄한 학문적 스승인 동시에 자상한 어머님 같으셨던 교수님에 대한 기억으로 몇 년 전 제가 스무 살 젊은 날들의 좌절과 꿈을 기록했던 부끄러운 책 『다시 문 앞에서』에 소개했던 내용의 일부를 옮기고 싶어졌습니다.

…어쩌다 육 · 해 · 공군에 이름 석 자를 모두 올리는 시행착오를 거듭하면서 스물여섯의 나이로 대학에 들어갔다.

고등학교를 졸업하고 5~6년의 시간에 불과했지만, 당시의 내 심정은 먼 세월의 굽이를 돌아 다시 시작의 문 앞에 선 자의 가슴 두근거림 같은 것으로 꽉 차 있었다.

세월이 지났다. 학과 친구들의 관심이 역사가 무엇인가라는 거창한 관념으로부터 당장 발등에 떨어진 호구지책의 마련으로 급급하던 4학년 2학기, 李陽子 교수님의 동양사 시간으로 기억된다.

"제군들, 우리들의 삶을 저기 창문 너머로 보이는 정돈되지 못한 운동장이라 하고, 운동장 저쪽 축구 골대는 다 같이 지향해야 할 삶의 목표라고 가정해 봅시다. 평탄치 만은 않은 운동장을 밟고 골문을 향해 걸어가다 보면, 예상하지 못한 돌부리에 걸려 비틀거릴 때도 있고, 메워지지 않은 웅덩이에 빠질 수도 있을 것입니다. 그럴 때마다 제군들의 시선이 발아래로만 옮겨진다면, 훗날 여러분들은 우리가 처음 지향했던 골문으로부터 전혀 엉뚱한 곳에 서 있을지도 모릅니다.

제군들은 젊습니다. 발밑의 웅덩이가 두렵다고 해서, 가야 할 문을 놓쳐 버리는 어리석은 일을 해서는 안 됩니다. 비록 넘어지고 깨어지는 순간에도 여러분의 시선은 한결같이 처음 목표했던 골문으로부터 떨어지지 말아야할 것입니다."

경우야 어쨌든 대학 입학도 하기 전에 숱하게 많은 문을 두드리다 돌아서기를 반복했던 나로서는 실로 가슴 뜨끔한 충고였다.

내가 2학년으로 올라가던 81년 3월이었다. 우리 사학과 학과장을 맡고 있던 이양자 교수님이 나를 불렀다.

"교수님, 용뭅니다. 찾으셨습니까?"

"아, 신군인가. 어서 오게, 기다리던 참이네."

교수님은 서랍 안에서 편지 봉투 하나를 끄집어내어 책상 위에다 올려놓았다.

"용무 자네, 내 말 잘 들어야 하네. 독지가 한 분이 내게 부탁을 해왔어. 우리 사학과 학생 가운데 한 명을 돕고 싶다고…,

그래서 자네를 추천했네."

나는 문득 교수님이 나를 도우려고 꾸며낸 얘기가 아닐까 하는 생각이 들었다. 받아들일 수 없다는 마음과 함께 그냥 울고 싶어졌다.

"교수님 고맙습니다. 그렇지만 이번 학기부터는 장학금도 받았고…. 잘 지내고 있습니다. 누구 다른 친구를 찾아봐 주십시오."

교수님과 나는 한참 동안 밀고 당기면서 접점을 찾지 못했다. 교수님은 정색을 하고 나오셨다.

"신군, 자네 왜 그리 못났나. 선의의 호의는 고맙게 받아들일 줄 아는 아량은 있어야지. 사내 녀석이 그렇게 앞뒤가 막혀서야. 정, 자네가 고집을 피우겠다면 이번만이라도 받게. 받은 것을 돌려줄 수는 없지 않는가."

더 이상 교수님의 뜻을 거스를 수가 없었다. 나는 이번 한 번만이라는 조건으로 봉투를 받아 들고 밖으로 나왔다.

새삼 가슴이 뜨거워졌다. 교수님 죄송합니다. 교수님의 뜻을 거스르고 싶은 맘은 전혀 아니었습니다.

어쩌면 저는 교수님에게서 제 어머니나 누님을 느끼고 철딱서니 없는 억지나 고집을 부려본 것인지도 모르겠습니다.

교수님 말씀대로 지금 제가 체면이나 생각하고 있을 처지가 아닌 줄도 잘 알고 있습니다. 그러나 교수님, 여기서 제가 더 밀린다면 제 자신이 너무 비참해질 것 같았습니다. 설령 그 독지가 분이 교수님이어도 좋습니다. 그분의 고마우신 마음을 가슴에 새겨 귀하게 쓰겠습니다.

영광도서에서 전공서적 열 권을 한꺼번에 구입했다.

이튿날 오후, 수업이 끝나고 우리 과 녀석들과 어울려 학교

밑 막걸리 집으로 갔다.

"이봐, 오늘은 내가 한 턱 쓰마. 아주머니, 여기 막걸리 한 말쯤 준비해 주이소."

녀석들은 어쩐지 모두 슬금슬금 내 눈치를 살피는 것 같았다.

"왜들 그러냐? 어이, 하인수 형뻘한테 술 한 잔 따라봐."

녀석은 우리 사학과 오리엔테이션 때 나에게 형뻘이라고 말을 걸었던 녀석이었다.

인수가 두말 않고 내 잔에 술을 부었다. 나는 그냥 마시고 싶었다. 연거푸 두 잔을 비웠을 때였다.

"용무형님, 술 그만 하이소. 이 교수님한테 다 들었십더. 형님이 그렇게 마음 상해 할 줄은 미쳐 생각하지 못 했십더. 사실은 누구의 뜻이라기보다, 우리 과 모두의 마음이 맞아 결정했던 깁니더. 교수님도 함께 동조해 주셨고예."

나는 오르는 술기운에 얼떨떨해져 잠시 동안 장석이 녀석이 무슨 소리를 하는지 몰라하다가 정신이 번쩍 들었다.

"아니, 권장석! 니, 지금 머라 캣노? 그렇다면, 뭐? 네 녀석들이 내 독지가라 그 말이가? 아니, 이 자아슥들아아…."

나는 그만 앞뒤 가리지 못하는 그 고약한 성질이 터지고 말았다.

이렇게 해서 우리 과 친구들이 꾸미고, 교수님이 동조했던 내 학비 후원 계획은 끝이 났지만, 교수님과 학과 친구들의 고마운 마음만은 아직까지도 가슴 속에 간직하고 있다.

교수님! 고등학교에서 아이들을 가르치고 있는 저로서는 교수님께서 저술하시고 번역하신 그 많은 저서의 내용들은 잘 알지 못하지만 책들이 나올 때마다 저는 기뻤습니다.

그 치열하신 학문에 대한 자세에 마주할 때마다 현실에 안주하여 세월만 축내는 제 자신을 돌아보며, 교수님이야말로 세월을 뛰어넘어 영원한 청년이 아니신가 눈을 크게 떠봅니다.

비록 스승의 정년퇴임에 기념논문 한 편 올리지 못하는 부실한 제자지만 교수님의 제자라서 참으로 행복합니다.

교수님 저의 이 마음 오래오래 간직할 수 있도록 언제까지나 가내 화목하시고 건강하십시오.

- 2006년 7월 25일. 신용무 올림

그 이후 용무 군이 결혼할 여성과 함께 우리 집에 인사차 방문하였기에 나는 용무 군에게 이리 이야기 하였다.

"용무 자네, 결혼을 하더라도 이것은 잊지 말게. 어려운 환경을 극복하고 살아온 남자들일수록 의지가 강하긴 하지만 상대방에게는 모가 난 성격으로 비칠 수도 있네. 그것은 함께 살아가야 할 자기 식구에게는 적지 않은 부담이 될 수도 있네. 많이 배려하기 바라네" 그리고 함께 온 처녀 명숙 양에게는 "명숙 양, 아내의 미덕 중 하나가 남편의 기를 꺾지 않는 것이에요. 남자들은 모두가 제 잘난 맛에 사는 사람들이지. 그래도 실제로 가정에서 아내가 인정해 주는 남편이 사회에서도 성공할 수 있는 거라고 생각해요. 앞으로 두 사람이 알콩달콩 살아가는 모습을 쭉 지켜볼 것입니다."

이들 부부는 아들 딸 낳고 이미 손자도 보고 잘살고 있으며 여자상업학교 교사로서 퇴직을 하고 시골 쪽으로 집을 옮겨 등산도 하면서 편히 지내고 있다. 스승의 날이 되면 밥을 사고 때로 과일 상자를 들고 나타난다.

어느 날 나는 용무군에게 평생교육원에서 수필공부를 하고 있는데 수필집을 한 권 내어볼까 한다고 넌지시 말했다.

"그런데 결국은 남편이야기가 많아지네. 우짜지?"

"교수님, 김종원 교수님 나쁜 점 쓰시려고 하시지예? 그런 거는 쓰시지 마시이소."

용무군은 대학원을 부산대로 갔기 때문에 우리 집 양반한테 배워서 잘 알고 또 좋아해서인지 남편 편을 들어주는 듯했다. 하지만 수필쓰기에서 남편 흉보는 재미를 빼놓을 수는 없잖은가. ㅎㅎㅎ 용무군 미안하이!

그대들에게 주는 말

나는 30여 년 간의 교직생활을 하면서 제자들에게 힘을 실어주기 위해서 늘 강의 시간마다 자주 해주는 말이 있다. 다 큰 대학생들이 날씨 좋은 날 야외수업 하자고 조르면 흔쾌히 받아주면서 교내의 푸른 정원의 잔디에 앉아서 이야기를 듣기도 하고 해주기도 했다. 다음은 늘 제자들에게 자주해 주며 힘을 실어주는 말들이다.

*Low Living 해도 High Thinking 하자!

아무리 삶이 가난하고 어렵더라도 이상은 높이 가지고 차원 높은 생각을 해야 합니다.

*인생을 길게 넓게 높게 생각하며 살자.

목표를 멀리 두고 걸어가야지 눈앞의 발밑만 쳐다보고 가다가는 전혀 엉뚱한 방향으로 갈 수 있습니다.

*자신을 존중하라. 자존하라!

제일 먼저 자신을 존중해야합니다. '나는 대단한 사람이다'를 매일 외쳐보시기 바랍니다.

*생활이 그대를 속이더라도 결코 실망하지 말라.

미래는 너의 것이다. 설움의 날을 참고 견디면 머지않아 기쁨의 날이 오리니. 마음은 미래에 사는 것. 고난 뒤엔 반드시 행복은 옵션으로 옵니다.

*머리가 핑글핑글 돌아가는 천재보다도 더 중요한 것은 소걸음처럼 뚜벅뚜벅 끝까지 걸어가는 사람이다.(우보천리:牛步千里)

결코 천재가 이 세상을 이룩한 것이 아닙니다. 끝까지 최선을 다해 노력하는 자들이 이 세상을 만들었습니다.

*당신은 대단한 사람이다! 무엇이라도 해낼 수 있다.

자신에게 최면을 걸고 격려하십시오. 다 잘될 것입니다. 더 잘될 것입니다. 나는 해낼 수 있습니다!

*오늘 하루를 평생을 사는 마음으로 살아가라! 오늘은 어제 죽은 암환자가 그렇게도 살고 싶어 한 바로 그 내일입니다. 오늘, 지금을, 중시하며 오늘이 나의 마지막 날인 양 최선을 다 하십시오.

*인생은 바로 도전에 대한 응전이다.(토인비) 도전하라! 그리고 응전하라!(영국의 한 어부의 청어 잡이 이야기) 도전과 응전을 통해 우리는 인생에 대한 답을 찾아야 합니다.

*꿈은 이루어진다. 꿈꾸어라, 꿈은 꼭 이루어진다. 계획과 꿈

이 클수록 이루어지는 %는 더 커진다. 꿈을 이루기 위해선 시간이 필요합니다. 버티기가 필요합니다. 버티기 위해선 건강한 육체가 필요합니다. 체력을 키우면서 도서관에서 버티십시오. 내공을 키우십시요! 꿈 꾸십시요! 꿈은 꼭 이루어집니다!

*그대! 나라를 사랑하는가? 그렇다면 그대 건전한 인격이 되십시오.(도산 안창호)

*인재가 없다고 말하는 그대는 왜 인재가 되지 않는가! 그대가 바로 인재입니다.

*天將降任 先苦其心(천장강임 선고기심) 하늘이 장차 그에게 큰 임무를 맡기려 하면 반드시 먼저 그 마음부터 괴롭히느니라. 괴로움을 건너뛰면 결국 성공의 길이 열리고 맙니다.

*또 한 가지 인생 강좌: 여러분들~! 연애도 하고 결혼도 하고 애도 낳아서 키워보고 해야 합니다. 꼭!! 그것이 바로 인생입니다. 그런데 한 가지 유의할 점은 결혼은 하되 1년쯤 살아보고 상대방 인간 자체에 실망하지 않을 자신이 있으면 아기를 낳기 바랍니다. 그리고 어떠한 일이 있어도 아기를 두고 이혼해서는 안 됩니다. 아이에게 부모는 우주입니다. 자식에 대한 책임을 져야합니다. 나도 완벽하지 못한데 어찌 상대방의 완벽함만 바랄 수 있겠는지요. 이해하고 노력해야 합니다. 이혼은 금물입니다. 내가 선택했다면 모든 건 인내로서 극복할 줄 알아야 합니다. 반드시 극복됩니다! 명심하시기 바랍니다.

나의 동의대 시절

내가 동의대학교와 첫 인연을 맺은 것은 1980년 초봄이었습니다.

남편의 한양대학에서 부산대학으로의 이동으로 우리 가족이 서울에서 부산으로 내려온 건 1979년 겨울이었습니다.

1980년 동의대학은 사학과가 신설되면서 처음으로 신입생이 입학했고 나도 부산에서 시간강사 생활을 시작하면서 사학과 1회 입학생들과 운명적 첫 만남이 이루어졌습니다. 그 당시 동의대학에는 ㄱ자 모양의 벽돌 건물 한 채만 덜렁 산등성이에 서 있었습니다. 대학교수의 숫자는 20여 명이었고 학생 수도 600여 명밖에 되지 않았습니다.

세월은 마치 쏜 화살과 같다고 하더니만 참으로 빠르게 26년이 지나가버렸습니다.

그러나 돌이켜 보면 파노라마처럼 많은 추억들이 뇌리를 스치고 지나갑니다.

그로부터 26년이 지난 지금 우리 학교는 6개 대학원, 9개 단과대학, 71개 모집단위를 가지고 480여 명의 교수와 2만여 명의 학생들이 모여 연구하는 대규모대학으로 성장하였으며 세계 각각의 40여 개 대학과 자매결연 및 학술교류협정을 맺고 있습니다.

1980년 5월 광주사태로 학교는 문을 닫았습니다.

정해진 날짜에 시간 강사료를 지급하지 않던 시절, 그날은 당연히 강사료를 받을 것이라고 생각하며 차비만 달랑 가지고 간 날 강사료를 받지 못해 황당했던 일도 있었습니다.

6월의 텅 빈, 햇빛 쨍한 긴 캠퍼스 언덕길을 혼자 터덜터덜 걸어내려 오던 시절이 엊그제 같은데 벌써 26년이나 세월이 지나갔습니다.

이듬해 1981년 나는 동의대 전임교수가 되었고 우리 과엔 정익성 교수와 나, 단 두 명의 교수가 있게 되었습니다.

사학과는 봄가을로 답사를 갔습니다. 그것도 요즘처럼 2박 3일이 아니고 3박 4일간이었습니다. 성교수님은 전체 학생과장을 맡으셔서 바쁘시기도 했고 건강도 별로 좋지 않으셔서 첫 한 해 동안 봄가을 답사는 나 혼자 뛰었습니다. 40명이 한 차에 소복히 다 앉아서 간 3박 4일간의 답사는 정말 재미있었고 즐거웠습니다. 남녀학생들이 어울려 소발바닥, 개발바닥을 외치며 손뼉 치는 소리는 찻간이 떠나갈 듯했고, 술 취한 채 버스 복도에서 춤을 추면 "노상강도(경찰)가 나타나면 내가 호루라기 불 테니까 학생들 그땐 얼른 자리에 앉아요!" 하며 기사아저씨는 우리들과 장단을 맞추어 주었습니다.

한번은 휴게소에서 막걸리 마시고 있는 학생들을 빠뜨려 놓고 버스가 출발하여 되돌아간 일도 있었고, 어떤 때는 버스가 기름이 떨어져 앵꼬(?)가 나고 타이어 펑크가 나고 하면 뚱뚱한 학생을 삼겹살로 치부하고 소주잔과 함께 버스 앞에 앉혀 놓고는 제를 지내기도 하며 깔깔깔 박장대소를 하였습니다.

그리고 부산지역에 사학과 신설대학이 많아지면서 기존의 부산대, 동아대 외에 부산사대, 경성대, 우리 학교 등에 사학과가 생김으로써, 5개 대학 사학과는 1년에 한 번씩 모여 학생들 간에 친선 체육대회와 학술대회를 각 학교에서 돌아가면서 열었습니다.

1984년 우리 학교에서 개최하게 되었을 때, 김영덕 군이 학회장으로서 모든 일을 맡아 하였습니다. 우리 학교는 학술대회는 물론 체육대회도 끝내주게 잘했을 뿐만 아니라 학교식당에서 뷔페도 준비하고 떡도 많이 만들어서 정말 만족스럽게 잘 치러서 각 대학 참석자들은 칭찬을 아끼지 않았었습니다.

그때 영덕군은 그 뒷정리하느라 자정을 넘기면서 너무 애를 써서, 땅바닥에 주저앉아 달을 쳐다보며 엉엉 울었다고 했습니다.

그 씩씩하던 '이빨형님' 영덕군은 가슴 아프게도 처자식 남겨 둔 채 교통사고로 우리와는 유명을 달리했습니다. 살아있다면 진중하고 굳센 의지로 분명히 거제도 출신 국회의원이 되어 있을 터인데 말입니다.

1980년대 중반에 들어서면서 전두환 정권에 항의하는 학생들의 민주화 운동은 그 열기를 더해가고 있었습니다. 그런 가운데 우리 사학과는 데모를 주동하는 태풍의 핵이 되었습니다. 강경호 군, 이춘식 군, 유교열 군, 배동학 군 등등등.

총장실 점거다, 이사장실 점거다, 할 때면 우리 과가 앞장서는 일이 많았습니다.

그 학생들 중에 나는 강경호 군을 잊지 못합니다.

오늘 데모가 있으니 경호를 좀 붙잡고 있으라고 학생과에서 전갈이 오면 나는 내 연구실에 경호군을 잡아놓고 토론도 하고 달래기도 하고 종교, 철학적 얘기도 끄집어내면서 시간을 끌었습니다. 그러다가 데모가 밤늦게까지 길어지면 학교 뒷문으로 빠져나가 해운대 백사장으로 데리고 가서 출렁이는 파도소리, 부서지는 달빛 아래서 심각하게 얘기를 나누었던 기억은 지금도 잊을 수가 없습니다.

기독교적, 철학적 면모를 간직하고 있어서인지 경호군은 나의 신뢰를 무너뜨리지 않았습니다. 경호군의 지성을 나는 지금도 고맙게 여기고 있습니다. 대학원을 나와서 영어학원을 경영하다가 이제는 서울 쪽에서 직장에 자리 잡고 역사관련 책까지 집필하여 출판한 지금까지도 "저의 오늘을 있게 해주신 교수님 은혜에 감사합니다."면서 스승의 날이면 한 번도 빠짐없이 선물과 연락을 취해오고 있습니다.

전두환 정권 시절, 그리고 노태우 정권 시절 학생들의 데모는 끊이질 않았습니다. 그 데모의 클라이맥스라 할 수 있는, 그 시대 상황의 정점에서 1989년 5·3사태가 우리 학교에 터지고 말았습니다. 경찰관들이 사망하는 불상사가 생긴, 바로 동의대 사태입니다. 우리 과에서도 몇 명이 감옥생활을 했습니다. 그 기간 동안 수감생활을 하는 몇몇 학생들과 계속 편지 교환을 했습니다. 몇몇은 출소를 했으나 몇 명은 오랜 기간 긴 영어의 생활 속에 있었습니다. 철학과의 한 학생에게는 안동교도소에 면회까지 가기도 했던 기억이 지금도 생생합니다.

그리고 6년이 지나 1995년 광복 50주년이 되는 해 대규모 사면이 있게 되었습니다.

그동안 나는 청와대와 법무부, 고충처리위원회 등에 우리 학생들의 형 감면과 출소를 청원하는 편지를 수차례에 걸쳐 보냈습니다. 그중에서도 그 당시 고충처리위원회 위원장이었던 김광일 변호사는 남편의 후배이기도 했는데 특히 호의적이었습니다. 부산에 오면 우리 학생들의 관계서류를 가져오라고 하여 서울로 가져갔고 수시로 전화연락을 해주었습니다.

광복 50주년을 맞이하는 1995년 광복절 전야 드디어 김광일 위원장한테서 전화가 왔는데 우리 학생들이 모두 사면된다는 기쁜 소식이었습니다. 그 후 우리 학교의 5·3사태를 분수령으로 하여 학생들의 데모는 점차 줄어들기 시작했습니다.

1990년대 이후 최루탄과 대학사회는 이별을 했습니다. 그 뒤로는 조용하고 발전적인 모습과 분위기가 학교를 감쌌습니다.

순수하고 소탈한 우리 학생들의 변함없는 열성과 성원 속에 학교는 나날이 발전하여 한의대도 생기고 동의대병원도 생겨서 지역사회에 큰 역할을 하고 있습니다. 학생들의 자부심은 더욱 커져갔습니다.

나의 동의대학교에 대한 사랑도 더욱 깊어져갔습니다. 나의 애교심을 발휘하는 지름길은 학교의 명성을 높이는 길이라고 생각하면서 중국에서 열리는 학회에 9번이나 참석하여 동의대학교의 명성을 알리고 높이려 노력하였습니다. 국내에서는 부산 지방의 여성단체장을 역임하기도 하고 또한 중국사학회 이사, 부회장, 회장직을 차례로 맡으면서 국내외로 우리 학교에 대한 인식과 인지도를 높이는데 기여하려 애썼습니다.

그리하여 국제학술내회를 우리학교에 유치하여 크게 한바탕 잔치판을 벌이기도 하였습니다. 2002년에 있었던, 국내외 학자 80여명이 발표와 토론에 참가한 제3회 중국사학회 국제학술대회인 '여성을 통해본 중국사'가 바로 그것이었습니다. 링거까지 맞아가며 최선을 다한 참 멋진 학술대회였습니다. 그 이후 안식년을 갖게 된 것을 계기로 번역작업에 몰두하기 시작하여 몇 권의 번역본을 내게 되었습니다.

돌이켜보면 우리 동의대에서의 26년의 세월은 꼭 한 순간인 듯 쏜 화살처럼 지나쳐갔지만 하나하나를 들추어보면 파노라마처럼 긴 회상이 뇌리를 스쳐 갑니다.

하나밖에 없던 건물이 20개나 되는 건물이 들어선 캠퍼스로 변모하는 동안 우리는 지식과 우정과 사랑과 신뢰와 경험을 서로 간에 쌓으며 오늘에 이른 것입니다. 졸업생들도 하나같이 자신의 설자리, 일자리, 알뜰한 가정을 찾고 꾸미면서 당당한 우리나라의 동량으로 살아가고 있습니다. 이 얼마나 기쁜 일입니까.

그동안 우리 학교에서 나는 풀 한 포기, 나무 한 그루, 돌 하나, 벽돌 한 조각이 어떻게 자라고 옮겨지고 쌓여지는가를 보면서 학교의 발전에 매일 기쁨을 함께하였습니다. 그리고 정겹고 순수한 학생들과 서로 어울려 배우고 가르치며 지내온 보람차고 행복한 세월이었습니다.

내 평생의 직업으로 교직을 택한 것에 나는 만족하면서, 그간 30여 년에 걸친 나의 교직 생활에 종지부를 찍으려는 지금 모든 분께 감사하다는 말씀을 드리고 싶습니다.

그동안 정말 고마웠습니다. 참으로 감사합니다.

(2006년 8월 정년 퇴임식을 앞두고)

안훈장 이야기

나는 동의대학교에서 26년을 봉직했다. 그 시절 사학과 2회로 졸업한 한 청년 안병헌 군을 잊지 못한다. 그는 이미 입학할 때 26살로 옛 학자가문 집안이어서 한학을 배웠던 모양이다. 공부도 곧잘 했고 늘 나를 따랐다. 키도 크고 인물도 괜찮고, 봉의 눈을 가진 성실한 청년이었다. 그러나 졸업 이후 20년 가까이 서로 연락이 끊기다시피 했다.

나는 십여 년 전부터 블로그를 운영하고 있다. 그곳을 통해서 많은 제자들과 다시 만났다. 서울여상 제자들과도 소식이 닿았고 병헌 군도 마찬가지였다. 그들끼리는 선생을 나누어 가진 인연으로 서로 인사를 나누고 사이버 공간에서나마 가까이 지내는 것이 참 보기 좋았다.

나는 한문이 능한 안군에게 이 블로그에 서당을 개설하자고 제의했고 그도 쾌히 응해주었다. '메뚜기 서당'으로 이름을 정하고 안군을 훈장으로 임명하였는데, 이후 병헌 군을 안훈장이라 부르게 되었다. 안훈장은 매일 한문 글을 올렸다. 그가 나의 블로그 메모난에 올리면 나는 그대로 복사를 해서 메뚜기 서당 란에다 다시 올려놓았다. 메뚜기 서당학생들이 어렵다고 폴짝폴짝 뛰면서도 열심히 공부해 가는 모습이 지금도 눈에 선하다. 많이 어려운 글이 올라오면 서로 묻고 답하느라 댓글이 수십 개씩 달렸다.

우선 제일 첫 한문은 추구(推句)부터 소개되었다. 추구는 초학들이 『천자문』 『사자소학』과 함께 가장 먼저 익히는 책으로 오언절구로 된 시집이다. 예를 들면 아래와 같은 제목으로 한문 문장을 쓰고 번역한 것이었다.

> 제자들의 한문 서당 개설!
> 메뚜기 서당(1): 추구(推句)
> 天高日月明(천고일월명)이요: 하늘이 높으니 해와 달이 밝고
> 地厚草木生(지후초목생)이라: 땅이 두터우니 풀과 나무가 자란다

그 이후 추구가 끝나고 나서는 다음으로 사마광의 『자치통감(資治通鑑)』을 간추린 『통감절요』를 연재하기 시작했다.

> 메뚜기 서당(2): 종횡무진 고사성어로 읽는 통감절요(通鑑節要)

통감절요·1 脣亡齒寒: 입술이 망가지면 이빨이 시렵다
통감절요·37 色衰愛弛: 용모가 시들면 애정도 식는다

이리하여 통감절요는 37까지 다 마무리 지었다.

그럴 즈음 안군의 건강이 좋지 않다는 소식이 전해졌다. 식도암이이라 했다.

청천벽력과도 같은 소식에 가슴이 철렁 내려앉았다. 나는 여러 번 전복을 사서 보내고 위로의 편지와 위로가 되는 희망의 네잎 클로버를 찾아서 보내고 했다. 그러나 1년여 동안의 신고 끝에 안군은 영면을 했다.

마지막을 열흘 쯤 앞두고 안군이 나에게 전해온 말은 "죄송합니다만 인생 정리합니다, 선생님."이었다.

아무 생각도 할 수 없고 어떤 일도 손에 잡히지 않았다.

"안훈장! 이것이 무슨 말인가? 가슴 다 내려앉는다. 이 말이 선생님한테 할 말인가 이제 겨우 50대 중반 아닌가! 할 말을 잃는다. 힘내자! 나라가 이 모양인데…. 할 일이 태산 같은데…. 그 높은 지혜를 더 나누어 줘야지. 제발 기운 차리기 바라네. 힘내기 바라네, 나까지 힘이 하나도 없어진다. 안훈장! 힘내야 한다! 정신 가다듬기 바라네. 우째야 하노?! 나도 힘 이 다 빠져서 종일 맥을 못 추겠다. 안훈장! 힘내야 한다! 이겨내야 한다! 제발 정신 차려라."

고작 할 수 있는 일이라곤, 몇 글자로 용기를 주는 일이었지만. 온갖 약과 항암치료법을 동원한 끝에 더 이상은 현대의학도 방법이 없다는 의사의 최후통첩을 듣고 나에게 전해온 마지막 인사였으리라.

인간은 무와 죽음 속에 던져진 존재라고 한탄한 하이데거의 말처럼 열흘 뒤 그는 영원한 무(無)의 세계로 떠났다. 나는 그의 고향에서 치러지는 장례식에 참석하여 통렬한 이별을 고했다. 안군이 겪었을 참담함을 생각하면 지금도 눈시울이 촉촉하게 젖는다.

사실 안군은 한문도 잘했지만 갖가지 재능이 있었고 다정다감했다. 그의 직장은 남이섬에 있는 노래박물관의 관장이었다. 언젠가 여상 제자와 동의대 제자가 한데 모여 우리는 남이섬에 1박 2일 여행을 갔다. 나는 생전 처음 가보는 곳이었다. 숙소도 음식도 선물도 놀이거리도 안군이 모두 준비해서 우리를 감동시켰다. 그중에서도 잊을 수 없는 일은 꽃 이야기다.

「선생님 오실 때 이 꽃들이 피어준다면…」이라는 제목의 글이다.

내가 처음으로 남이섬 구경을 간다고 했더니 노래박물관 관장이던 안군이 미리 사진 찍고 글을 쓰서 편지를 보내왔다.

"선생님! 한 삼년 전 봄에 제 블로그에 쓴 글인데, 여기 남이섬 수양벚꽃 사진이 있습니다. 이상기후가 되든 어쩌든 이 꽃들이라도 앞서 피어 선생님을 반겨주었으면 하는 바람에 꽃을 좋아하시는 선생님을 기쁘게 해드리고 싶은데 그러나 결국 피지 않아서 팬지 화분을 사다가 하트 모양으로 노래박물관 앞을 장식했습니다."

장례식 지난 며칠 후 대학생이던 그의 큰아들한테서 편지가 왔다.

2015년 5월 19일 1년 2개월간의 암 투병 기간 끝에 아버지께서 영면하셨습니다.

'자신도 끝까지 포기하지 않을 테니 너희들도 포기하지 말고 열심히 살아라' 아버지께서 몇 달 전 저희에게 하신 말씀입니다. 긴 투병 기간 동안 몸도 마음도 얼마나 힘드셨을지 가늠이 안 되지만 그 와중에도 자식들과 어머니를 걱정해주시는 아버지셨습니다.

아버지께서는 자상하신 아버지이자 남편이셨고 아는 것 또한 많아서 어렸을 적부터 저희에게 한자와 역사 그 외에도 많은 것을 가르쳐 주셨지만 그 가르침을 따라가지 못한 부족한 자식들입니다.

나이가 들수록 아버지의 깊이를 느끼게 되었고 그 깊이를 하늘도 알았는지 이리도 빨리 저희한테서 멀어지게 만들었습니다.

그동안 몸도 마음도 많이 지치셨을 아버지. 가시는 길 더는 아프지 않고 외롭지 않게 먼 길 마다않고 와주신 교수님께 진심으로 감사드리며 찾아뵙지 못하고 이렇게 글로써 감사의 인사를 전하게 되어 죄송합니다.

너무나 안타깝지만, 그것으로 이승에서의 안군과 마지막을 인정해야 했다. 지금도 가슴이 뭉클하면서 마구 쓰라려 온다. 자연은 그대로인데 인걸은 간 데가 없구나. 병헌 군! 자네는 어디로 갔는가? 저 세상에서는 아프지 않고 잘 지내는가?

오늘 자네에게 선생님이 시 한 수 올리네.

아무것도 알지 못합니다

아무것도 알지 못합니다
단지 오늘 우리가 이곳에 존재하고 있음을
알 뿐입니다

왔느니 왔느니… 어디서 왔던가요
가노라 가노라… 어디로 가는가요

오늘 이곳
어디서 와서
어디로 가는지 아무도 모릅니다

모두가 왔다가 모두가 갑니다
강과 바다가 하나인 것처럼
삶과 죽음 또한 하나일 뿐.

33년 만에 돌아온 편지

나는 사범대학을 나왔기 때문에 교사라는 직업에 대해 언제나 마음 깊은 애정을 가지고 있었다.

우수한 성적으로 대학 졸업 후 바로 발령받은 영등포여중에는 대학원 진학이라는 명목 때문에 3, 4개월 정도 밖에 재직하지 못했지만 그 후로도 교사생활은 계속될 수 있었다.

결혼 후 잇달아 애 셋을 낳는 동안엔 교직을 갖는 것은 전혀 불가능한 일이었다. 그렇지만 막내가 다섯 살이 되던 해 서울여자상업고등학교에 전임교사가 될 수 있었다. 내 나이 35세였다. 원래 사범대 출신은 졸업 후 2년 이상은 교직에 몸 담아야하는 것이 그 당시 원칙이었는데 나는 1년을 채우지 못했는데도 대학원 진학 조건으로 자격이 정지되지 않아서, 직원은 천운이라 하면서 정식 발령을 내주었다.

그로부터 부산으로 가족 대이동을 하기 전까지 꼭 5년간을 여상에 재직했었다.

서울여상은 상업학교로서는 가장 우수한 학교였고 학생들은 가정형편은 어려웠지만 똑똑하고 인정 많고 온갖 재능을 다 갖춰 뛰어났다. 서울여상에서의 5년은 나의 교직생활 중에서 가장 젊고 열정적이었던 애환이 넘치는 황금기였다.

학생들은 3학년 2학기부터 성적에 따라서 미리 갈 직장에 실습을 나갔다. 어린 나이에 고생도 많았겠지만 졸업 후에는 대개가 돈을 벌어서 야간대학을 들어가 대학을 마쳤기 때문에 생활력이 강하고 삶의 모습이 진지하고 열성적이었기에 결론적으로는 모두 다 제 앞가림을 하면서 잘살았다.

내가 부산으로 옮긴 후에는 그 제자들과는 연락이 두절되었다. 부산으로 가셨으니 부산대학에 계시나 보다 하면서 찾았지만 찾을 수 없었다고 했다. 그리고 33년이 지난 후 한 제자와 연락이 되었다. 알고 보니 그 제자는 목사님이 중국의 송경령집안에 대해 설교하는 내용을 듣고 더 알고 싶어서 네이버에서 송경령을 찾던 중 '이양자 교수 송경령으로 박사학위를 받다'라는 내용의 기사를 알아내고 이양자를 집중적으로 찾아본 결과 나의 블로그를 찾아내서 결국 곧바로 연락 후 나를 찾아 내려왔다.

그 이후로 여상에 재직한 5년간 나에게서 배운 여러 학년에게도 나의 이야기가 전달되어 소식은 폭포수처럼 폭주해 왔다. 그중에서 중간정도(50회) 학년이었던 제자 허남주가 연락을 해왔다. 졸업할 때 내가 그들에게 써서 읽어 주었던 나의 편지를 제자 미자가 33명의 동기들에게 복사해서 나누어 주고, 그 글을 모두 손에 들고 함께 찍은 사진과 함께, 편지를 다시 전해주었다.

그 내용을 아래에 써 본다.

보고 싶은 선생님

선생님께서 33년 전에 사회에 나가는 저희들에게 주신 귀한 편지를 보내드립니다.

선생님의 33년 전 이 편지는, 비록 인터넷상에서, 선생님의 필체 그대로는 아니지만, 다시 선생님께 돌려드리는 것 같으네요.

'이 말씀대로 살아냈습니다'라고 말씀드리기엔 아직은 자신이 없지만요.

감사의 말씀 다시 드리며, 또 연락드리겠습니다. 안녕히 계십시오. - 허남주 올림

헤어져야 할 여러분들에게 보내는 마지막 편지

앙상한 나뭇가지 사이로 휘몰아치는 찬바람 소리를 들으며 깊어가는 겨울을 감지(感知)합니다.

또 하나의 큰 맺음과 다른 하나의 새로운 시작을 하여야 할 시간을 맞으며, 이젠, 여러분들과도 영이별일 것이라는 생각에 허허로운 마음 둘 바를 모르겠습니다.

풍설이 쓰라렸던 여상에서의 추억들…. 그러나 무엇인가 우리의 가슴에 심어주었던 그 시절들을 이제는 다 지나치고 끝맺음 하는 이 마당에서 세월의 빠른 흐름을 절감(絶感)할 뿐입니다.

이제 헤어져야 할 여러분들에게 내가 지금 새삼 하여야 할 말이 무엇일지 막막하기만 합니다.

우리는 그동안 많은 대화를 나누었습니다.

여기에 그 이야기들을 다시 뇌어보며 헤어져야 할 여러분들에게 이 아쉬운 마음을 전해야 할까봅니다.

어디에서 살더라도, 여러분들은 가꾸고 기를 줄 아는 창조인이 되어야합니다.

주어진 것을 누리는 사람은 진보와 발전이 없습니다. 침체하지 않고 또한 운명에 굴복하지 않고 자신의 모든 것을 개척하는 창조인이 되십시오. 그리고 신념에 찬 사람이 되어야 합니다.

자기만족과 자부심을 갖게 하는 힘은 굳건한 의지와 신념에서 나오는 것입니다.

철학의 빈곤으로 하여, 젊음을 남용하거나 학대하여서는 아니 됩니다. 거선의 기관처럼 샘솟는 신념의 힘으로 내일의 삶을 창조 하십시오.

그러기 위해서는 또한 용기가 있어야 합니다.

정의를 향해 올바르게 살아가기 위하여는 과감히 행동으로 실행할 수 있는 용기가 필요한 것입니다. 참된 용기는 진리이며 생명인 것입니다.

그리고 실천하는 사람이 되어야합니다. 진정코 그 됨됨이가 창조하고 신념에 차 있고, 용기 있는 사람은 바로 몸으로 그 모든 것을 실천할 수 있는 사람입니다. 백마디의 말보다 한 번의 행동이 더 중요함을 여러분들은 역사를 통하여 배웠습니다.

창조하는 사람. 신념에 찬사람. 용기 있는 사람. 그리고 이 모든 것을 실천할 수 있는 사람은 행복한 사람입니다.

그러기 위해서 우리는 비록 오늘이 어렵고 피곤하더라도 내일을 향해 줄달음질 칠 수 있는 마음으로 살아야 합니다.

'low living' 할지라도 항상 'high thinking' 하십시오.

그리고 목전의 삶에 그 목표를 두지 말고 멀리 높게 넓게 이상(理想)을 설정하여 人生을 긴 안목으로 살아 가십시오.

최선(最善)을 다하여 여러분의 人生을 살아가기 바랍니다.

이제 헤어져야 할 시간이 가까웠나 봅니다.

내 옆을 떠나는 여러분들이여, 그간에 그 청순한 여러분들로부터 많은 것을 배웠습니다. 결코 잊지 못할 것입니다.

잘 가십시오. 그리고 언제 어디에서 살지라도 행복하고 넉넉한 삶을 영위하여 주십시오. 안녕히….

– 이양자 선생님이

낀세대들의 인생 하소연

선생님, 중환자실에 한 달 정도 계시던 시어머니께서 돌아가셔서 지난 토요일 삼우제를 모시고 왔어요.

산소마스크를 쓰고 며칠 계실 때는 힘들게 말씀도 하셨는데 입안으로 튜브를 넣어 산소를 공급받는 시술을 할 때는 그 자체가 고통스럽기 때문에 바로 수면 상태로 들어갈 수밖에 없더군요. 3주일 지나 몸 기관과의 협착이 우려된다며 목에 구멍을 뚫어 산소 줄을 넣어주는 수술을 했는데 3일 만인가? 금방 가셨어요.

이미 자가 호흡이 아주 약했기 때문에 제가 보기에는 산소마스크까지만 해야 했어요. 그러면 보고 싶었던 사람, 보고 싶어 하는 사람 모두 만나보고 손을 맞잡고 마지막 하고 싶었던 대화도 나눌 수 있었으련만 그런 시간은 죽음을 전제로 한 큰 불효라 감히 그러면 안 된다는 암묵적 금지사항 같았지요. 며느리이니까요.

의사에게 산소마스크까지만 하면 안 될까요? 궁금했지만 입

밖에 내어보지도 못했답니다. 그래도 아들은 마지막 기대를 버리지 않고 있으니까요. 산소마스크를 한 의식이 있는 상태에서 고통스럽게 그냥 놔둘 수는 없다고 하지만 결국 시술과 동시에 식물인간 상태로 들어가는 건데요.

다시 생각해봐도 여태 잘 버티셨으니까 몸에 이것저것 대지 않았더라면 하는 아쉬움이 남네요. 중환자실에서의 그 기억은 본인은 물론 가족과 친지들에게도 큰 아픔으로 남게 될 거예요.

친정어머니 꿈에 오신 시어머니께서는 묻는 말에 아무 대답이 없으시더라고 아마 목에 장치들로 말을 할 수 없기 때문이 아닐까 싶으셨답니다.

가시고 나니 좀 더 잘해드리지 못했던 아쉬움들과 그리움이 밀려오네요.

맏며느리로서 힘들고 억울했던 사연들과 중압감도 이젠 함께 보내야지요.

맘씨 고우셨던 시어머니, 좋은 곳으로 가실 것을 믿으며 기원 드리고 있어요.

시아버지도 친정아버지도 모두 한여름에 돌아가셨지요.

선생님 더위에 건강 조심하시기 바랍니다.

- 제자 희원이 올림

아…. 희원아!

그런 일이 있었구나.

우선 먼저 "삼가 고인의 명복을 빕니다."

좋은데 가셨으리라 믿는다.

여러 가지 어려움을 겪으면서 우리들 자신도 점점 죽음과 가까워지고 있음을 느낀다. 아프면 많이 아프면 더 이상 연명치료를 안 해주길 바란다는 뜻을 미리 써서 공증 받는 사전연명의료의향서도 작성 하던데 나도 그걸 해놓을 참이란다.

그러하면 서로가 마음은 아파도 부담이 덜할 거 같다는 생각이란다. 그리고 말씀 못하시는 혼수상태에 빠져있는 환자라도 곁에서 하는 이야기는 다 듣고 느끼고 있기 때문에 "어머니 아무 걱정 마십시오. 저희 들은 잘 살아가겠습니다. 어머님께서는 참 인자하시고 훌륭하신 부모님이셨습니다. 정말 감사합니다. 항상 은혜에 감사하고 있습니다." 등등 좋은 이야기를 해드리면 편안히 수월하게 눈을 감으신다고 하더구나. 암튼 큰 자식의 도리를 다했으니 너무 슬퍼하지 말기 바란다.

가시고난 뒤 좀 더 잘해드리지 못했던 아쉬움과 그리움은 늘 남는 법이니 너무 힘들어하지 말기 바란다.

어르신들은 대부분 여름이나 이른 봄에 많이 돌아가시는 경향이 있는 것 같애.

그렇게 우리의 인생은 단지 숨을 들이쉰 뒤 내쉬지 않는 그 다음 삶의 끝을 맞이하는 것이리라! 이것이 우주의 원리이고 인생의 법칙인 것을 거듭 삼가 고인의 명복을 빌면서…. 희원아! 그간 애썼다! 더위에 너 자신의 건강도 돌보기 바란다.

– 이양자 샘이

이 이야기는 여러 해 전에 우리가 나이도 들 들고 서로 오가며 자주 만나기도 한, 세월도 좋았을 호시절 때에 제자가 보낸 고운 편지이며 또한 나의 답장이다.

그런데 우리는 그 이후 많은 세월을 흘려보냈고 또 최근 3년 가까이 코로나 전염병을 전 세계가 앓고 있으며 뿐만 아니라 경제도 어렵고 몸도 고단하고 정치는 전 세계나 우리나라나 보고 듣고 싶지 않을 정도로 혐오를 유발시키고 있는 상황 속에 살고 있다.

이런 세월 속에서 우리 모두는 서로 만나지도 못하면서 나이만 들어가고 있다. 이제 나의 여상제자들은 대부분 60대 중반이다. 그리고 내 나이도 이미 80고개를 훌쩍 넘었다.

어제는 제자 복희한테서 오랜만에 전화가 왔다. 그간 자주 연락드리지 못해서 죄송하다면서 그리고는 자신의 이야기에서부터 주변 친구 십여 명의 얘기까지 모두 들려주었다. 30분이 넘게 우리는 통화를 했다.

"선생님 요양병원에 계시는 아버지가 오늘 내일 하십니다. 그리고 집에서 요양보호사 도움을 받는 어머니도 정신이 오락가락 하십니다. 이리 뛰고 저리 뛰고 맏이인 저는 늘 정신이 없습니다. 게다가 딸애들은 30이 훨~ 넘었는데 결혼할 생각도 하지 않고 직장 가지고 자신들의 삶을 고스란히 만끽하며 살아가겠다고 합니다.

농장하는 남편의 밥도 챙겨주어야 하고 요양원 아버지도 살펴 드려야 하고 혼자 집에서 요양보호사 도움 받는 엄마도 자주 찾아보며 돌보아야 하고 정말이지 언제가 되어야지 저 자신의 일을 찾아서 하면서 제정신을 차릴 수 있을지 감감하기만 합니다. 선생님~"

부모님도 부모님이지만 60대 중반의 제자 생활이 내가 보아도 큰 걱정이다.

"복희야~ 우선 너부터 건강 잘 챙겨야 한다. 알겠제? 그리고 늘 다니면서 차 조심(운전 조심)하고 남편도 항상 잘 보살펴야 한다. 꼭이다. 정신 바짝 차리거라."고 말했다.

그리고 다른 친구들 이야기를 들려주었다. 암 투병하는 K는 항암치료를 하는데도 경과가 썩 좋지는 않은 것 같아서 걱정하고 있으며, 암 투병을 끝낸 S는 이제 완치가 되어서 건강을 되찾아 다행하다고 전한다. 그리고 J는 93세 시어머니 때문에 마음과 몸이 너무 힘 드는데 종교로 버티고 있으며, H는 허리 수술을 받았는데 완치가 안 되고 있으며, C는 두문불출하고 집안 일만 돌보고 있는데 장성한 두 아들이 결혼을 하지 않고 있어서 걱정이며, 사업하는 M은 작년 경기가 예상보다 좋지 않은데다 눈이 아파서 치료받고 있으며. L은 새집을 짓는 과정에서 계약자가 계약을 위반하여 다소 어려움을 겪고 있다는 이야기 등등이었다.

끝으로, 10여 년 전 서울 부산을 오가며 즐거웠던 우리들의 이야기를 추억하며 언제 그런 날이 다시 올지 모르겠다면서 그래도 우리들의 사정을 이해 해주시는 선생님이 계서서 하소연이라도 할 수 있어서 고맙다고 하며 전화를 끊었다.

30대~60대~ 8, 90대~. 장수시대가 되면서 부모님은 8, 90대, 자신들은 60대, 자식들은 3, 40대. 나의 제자들은 샌드위치 세대, 낀 세대의 대표적인 나이인 것이다.

부모님은 섬겨야 하고 자식들은 자유분방하고 옛 같지 않은 세태와 시대 풍조 속에서 세월은 변하고 변하여 오늘에 이르렀다.

대부분의 사람들이 80을 훌쩍 넘기는 고령화시대, 그리고 대부분의 자녀들이 30을 넘겨도 결혼하지 않는 비혼시대. 우리 사회에서 올드미스란 말이 사라진 지 이미 오래고 결혼이나 출산이란 말이 인구에 회자 되지 않은 지도 오래다. 산부인과가 망하고 소아과는 아예 찾기도 어려울 정도로 없다. 이러다간 노령인구만 남고 한국이 이 지구상에서 인구 절멸로 제일 먼저 사라질 것이라는 이야기다. 기후 변화니 지구 종말론이니 하는 상황 속에서, 젊은이들은 직장 구하기도 어려운데 결혼이니 자식이니 하는 이야기는 아예 귓전에도 들리지 않으리라. 이해가 되기도 한다.

'그래도 103세의 김형석 교수는 65세에서 70대 후반까지는 아직 살아볼만한 나이라고 하였으니 앞으로 너희들의 노후를 편히 즐길 날이 올 터이니, 우짜든지 건강관리 잘하고 무엇을 할 것인가를 자꾸만 생각하고 새로운 것을 배우려하고 추구해 나가야 한다'고 덧붙여 말해주었다.

참 인생이란 쉽지 않은 여정이다. 우리 모두 현명하게, 즐겁게 이 여정을 잘 걸어서 버티어내고 이겨나갈 수 있기를 빌었다. 옴마니반메훔.

恕(서)를 알다

논어를 읽다가 자꾸 마음에 걸리는 부분이 있어 다음 장으로 넘어가지 못했다. 문득 부산에 계신 여고 시절의 선생님, 대학 강단에서 중국사를 가르치시고 많은 저서와 역서를 내신 이양자 선생님이 생각났다. 내년이면 팔순을 맞이하시는데도 여전히 강연 준비에 바쁘시다. 선생님의 블로그에 글을 남겼다.

선생님, 유월도 벌써 중순이네요. 뻐꾸기 우는 계절입니다.

요즘 논어를 읽고 있어요. 나이가 들어 읽으니 예전과는 달리 아프게 가슴에 와 닿습니다. 그런데 한 단어의 번역에 계속 시선이 머무네요. 제 생각대로라면 다르게 번역할 것 같아 선생님께 여쭙고 싶었어요. 다음 부분입니다.

子貢問曰 有一言而可以終身行之者乎

子曰 其恕乎 其所不欲 勿施於人

자공이 물었다. "한마디 말로 종신토록 행할 말이 있습니까?" 이에 공자가 말씀하셨다.

"그것은 서일 것이다. 내가 하기 싫은 일을 남에게 시키지 말아야 한다."

왜 종신토록 행해야 할 것이 하필이면 '서'일까, 내가 하기 싫은 일을 남에게 시키지 말아야 하는 것과 '서'는 무슨 관계가 있을까 생각하게 되었습니다. 한참을 머물다가 무언가 다른 뜻이 있는 건 아닌지 찾게 되었어요. 서(恕)에는 용서라는 뜻 외에도 인자, 사랑, 어짊, 남의 처지에 서서 동정하는 마음 등의 뜻이 있더군요. 그래서 이렇게 써 보았습니다.

'그것은 나와 같이 남을 생각하는 것이다.'

'내가 하기 싫은 일을 남에게 시키지 말아야 한다.'

이렇게 서(恕)를 '나와 같이 남을 생각하는 것'이라고 쓰고 이해해도 될까요?

잠시 후 선생님의 답글이 올라왔다. 논어의 목차 제1편 학이(學而)부터 제20편 요왈(堯曰)까지를 상세히 나열하시고 그중 어느 편인지 물으셨다. 제15편 위령공(衛靈公)인데 몇 번인지는 나와 있지 않다고 말씀드렸더니 바쁘신 와중에도 직접 찾아내 답을 주셨다.

"15장 23번이네. 네가 번역하고 싶은 대로 하면 맞다. 서(恕)라는 한문 글자를 보면 마음이 같다는 것이 아니냐. 한자를 잘

새겨봐. 같을 여(如)밑에 마음 심(心)이니까 남의 입장으로 생각하는 역지사지의 뜻이고 타인에 대한 배려와 사랑을 말한다. 즉, 서는 덕의 실마리라고 할 수 있단다."

아, 그렇구나. 서(恕)에는 마음이 같다. 마음을 같게 하다는 뜻이 숨어있구나! 그 순간 도저히 이해할 수 없어서 마음의 벽이 쌓여 있던 시어머니의 얼굴이 떠올랐다.

3년 전 나는 서울에서 짐을 싸서 시골로 내려왔다. 아들과 딸이 독립하게 되면서 더 이상 일찌감치 귀농한 남편과 떨어져 살고 싶지 않았고, 기력이 없으신 구순의 홀어머니 봉양에 힘겨워하는 남편을 편안하게 해주고 싶어서였다. 그런데 시어머니와 함께 산다는 것, 같은 공간에서 숨 쉬며 살아간다는 것이 이렇게 힘들 줄은 꿈에도 생각지 못했다. 멀리 떨어져 살 때는 순박하고 성품이 훌륭하신 분이었는데 가까이에서 보는 시어머니는 약간의 치매가 있는 고집불통의 노인일 뿐이었다.

나는 본 적도 없는 그릇이든 옷이든 찾다가 없으면 모두 내가 버렸다고 원망하셨고 심지어 돈이 없어졌다며 나를 의심하실 땐 가슴이 쓰라려 잠을 이루지 못했다. 위험하다고 아무리 말려도 비탈신 밭누렁에 매달려 풀을 뽑거나 산기슭을 헤치며 낙엽들을 쓸어 담느라 몸을 다쳐도 좀처럼 고집을 꺾지 않으셨다. 어느 여름날엔 몰래 밭일을 하시곤 기운이 없어 밤에 변을 보러 일어나지 못해 뒤척이느라 방안 곳곳에 흔적을 남겨 악취로 숨을 쉴

수가 없었다. 비위가 약한 나는 밥을 먹는 것조차 힘들어 그간 어머니는 몸무게가 5kg이 늘었지만 나는 7kg이 빠졌다.

몸이 마음처럼 움직여주지 않음에 짜증을 내시며, 남편과 한 편이 되어 밭일을 못하게 한다고 오히려 나를 원망하시는 어머니를 보면서, '도대체 왜 저러실까, 내가 어머니라면 저렇게 살진 않을 텐데'라는 마음이 눈처럼 쌓여만 갔다. 급기야 가슴이 답답해 숨을 쉬기조차 힘들어 병원을 찾았다. 위내시경을 해보고 의사의 권유로 복부 초음파를 찍어보기도 했지만 아무 이상이 없었다. 결국 의사가 우울증 약을 처방해 주겠다는 말에 놀라서 황급히 병원을 나와 버렸다. 어떻게 하면 이 상황을 잘 극복할 수 있을까. 선배들의 조언을 구하기도 했지만 도움이 되지 않았다.

조선시대 신흠은 '모든 병은 다 고칠 수 있지만, 사람이 속(俗)된 병은 고치기 어렵다. 속된 병을 고치는 데는 오직 책이 있을 뿐이다'라고 했기에 좋아하는 책 읽기에 다시 몰두했다. 덮어두었던 독서록을 펼치고 간절함을 담아, 예전처럼 알기 위한 독서가 아니라 실천하기 위한 독서를 시작했다. 그것은 마치 협심증 환자가 응급 시 니트로글리세린을 입에 넣어 순식간에 막힌 혈관을 흐르게 하듯 나를 위한 처방을 찾고 있었는데, 오늘 논어를 읽다가 바로 그 니트로글리세린을 찾은 것이었다.

공자가 평생토록 실천해야할 한마디가 서(恕)라 했는데, 나는 어머니와 마음을 같게 하려는 노력을 지난 3년간 얼마만큼 해왔는가. 인간은 누구나 나이 들면 병들고 늙어가는 것인데 나는 저렇게 늙어가지 않으리라고, 늙어도 추하지 않으리라고 어떻게 단언할 수 있을까. 그것이야말로 석존이 지적한 젊음의 오만이 아니고 무엇이겠는가. 나도 구순이 되면 어머니처럼 내가 좋아하는 일에 더 집착하고 더 고집스러울 수 있으리라고 왜 생각지 않는가. 내 마음도 어머니와 같으리라는 것을 인정할 수 없었기에 그 마음을 헤아리려 하지 않았던 것이다. 과연 서(恕)라는 한마디는 평생토록 행해야 할 지침이 되기에 충분하다고 느꼈다. 뜨겁게 기쁨이 차오르면서 내 마음 속의 빙벽이 녹아내리고 있었다.

"선생님, 서(恕)라는 말의 진정한 뜻을 알게 되니 너무나 기쁘고 감사합니다. 종신토록 행해야 할 한마디로 삼겠습니다."라고 감사의 뜻을 전하면서 한마디를 덧붙였다.

"용서라는 말이 특별하게 느껴지네요."

곧이어 선생님의 답글이 올라왔다.

"그래. 나도 용서할 서(恕) 자가 내 마음과 같다는 뜻풀이에 감동했단다. 그러니 용서의 신성한 뜻을 알게 했구나."라고 하시며 한자의 뜻풀이가 다양하고 오묘하기가 이를 데 없음을 배워가면서 점점 느낀다고 하셨다.

이러한 얘기들을 나와 선생님의 블로그를 통해서 사제지간에 우리가 서로 할 수 있음은 참 다행한 일이라 생각하고 있다. 나이 드셔도 컴퓨터 앞에 앉으셔서 그 시대를 조감하는 일들을 매일 글로 올리시며 소일 하시는 선생님이 계심도 감사하고, 또한 제자와 대화를 나누며 가르쳐 주실 수 있음도 참으로 감사한 일이며 홍복이라 여기고 있다.

이 글은 서울여상 제자 이경옥 양과 블로그 상에서 주고받은 이야기다.

블로그를 통해서 서로의 안부는 물론 학문적인 이야기를 나눌 수 있음은 정말 기쁜 일이 아닐 수 없다. 지금도 우리들의 대화는 이어지고 있다. 나 자신 나이 들어도 블로그를 계속하는 일은 참 잘한 일이라는 생각을 한다.

주역이란 무엇인가

요즘 점이니 미신이니 하면서 대선 정치권의 공방이 시끄러웠었다. 그래서 일반적으로 아는 주역에 대해서 알아보고자 한다. 우선 주역(周易)이란 무엇인지 간단히 설명해야 할 것 같다.

주역(周易)은 '주(周)나라시대의 역(易)'으로 주나라 문왕(文王)과 그의 아들 무왕(武王)이 나라를 다스리는 근본으로 삼았던 바, 역경의 기본을 이루는 8괘는 상고시대 복희씨가 도안했고, 64괘와 괘사는 주나라 문왕이, 384효의 효사는 문왕의 아들 주공이 지었다고 한다.

우리가 익히 아는 오경(五經)은 공자(孔子)가 편찬 및 저술에 관계했다고 하여 존중되는 경서 가운데 특히 중요한 것으로서, 『역경(易經)』『서경(書經)』『시경(詩經)』『예기(禮記)』『춘추(春秋)』를 가리킨다.

오경(五經)을 말할 때는 역경이라 부르는데 왜 일반적으로 주역이라 하느냐 하면 통상 주역이라 부르는 것은 역경(易經)과 역전(易傳)을 합한 이름이기 때문이다. 역경은 64괘 괘상과 64괘에 달린 괘사, 64괘 아래 각각 6개씩 있는 효에 붙은 효사를 말하며, 역전은 역경을 해설하기 위해 덧붙여진 설명문을 말하는데, 중국의 경학 전통에서 전(傳)은 경전에 대한 주석(commentary)에 해당한다. 역전(易傳)으로는, 단(彖)전 상과 하, 상(象)전 상과 하, 문언(文言)전, 계사(繫辭)전 상과 하, 설괘(說卦)전, 서괘(序卦)전, 잡괘(雜卦)전, 등 7종 10편이 있는데 이 열 가지 저작을 십익(十翼)이라고도 한다. 원래 역경과 역전이 분리되어 있었으나 후대에 통합되어 주역이란 책이 되었다고 알려져 있다. 『계사전(繫辭傳)』은 주역(周易)『십익(十翼)』 중 하나로, 주역 사상의 난해한 내용을 체계적이고 철학적으로 서술한 책이다. '계사'는 글자 그대로 '말을 매단다'는 뜻인데, 바꾸어 말하자면 주역의 괘사와 효사를 총괄하여 해설한 글이다.

이와 관련하여 주역이라고 말하면 통상적으로 점을 치는 철학관을 생각하는 경우가 많다. 육효점이나 송대의 철학자인 소강절이 창안한 매화역수(梅花易數)가 주역의 원리를 이용한 점(占)이긴 하나 이런 것을 가지고 점을 치는 곳은 아주 드물다. 주역은 점으로 괘(卦)를 뽑아 길흉화복을 정단하기 때문에 흔히 점술로 오인, 미신으로 치부하기 쉽지만 주역은 미신에 근거한 점술서가 아니다. 그것은 주역(역경)의 오묘한 원리를 제대로 이해하지 못한 무지에서 나온 편견이라 하겠다.

중국문화의 근원은 주역이라고 할 수 있을 정도로 문화 발전 과정에 막대한 영향을 끼쳤다. 특히 중국이나 조선의 선비들은 대부분 주역에 통달했으며 "주역을 읽지 않으면 재상이 될 수 없다."고 당 태종 때 재상 우세남(虞世男)이 말한 바 있다. 이는 주역의 지혜가 사람을 대하거나 일을 처리할 때만 국한되지 않고 리더십과 연관된 책이라는 것을 알 수 있다. 조직의 리더는 조직 전체의 이익 추구와 지속적 발전을 가능케하는 안목과 능력을 갖춰야하기 때문이다.

이밖에 주역은 강건함, 너그러움, 정성, 올바름, 화합, 겸손, 절제와 같은 개인의 도덕 수양도 매우 중히 생각하며, 도덕수양 행위의 근거라고 생각하였고, 주역은 개인의 인격 수양과 여러 측면의 행위 지침을 제시하기 때문이다.

서양의 사상에도 이 중국의 주역이 미친 바 영향은 상당하였다.

미국의 작가이자 저널리스트인 스콧 크리스텐슨 박사가 쓴 『세상을 바꾼 100가지 문서(Documents that changed the world)』에서 역경(易經: I Ching)을 첫 번째 목록에 올려놓았다. 이 책은 아마존 '이달의 책'에 선정됐으며 하버드, 프린스턴, 조지타운 등 아이비

리그 명문대의 인기강좌로 개설됐다. 주역이 미신이라면 이런 명문대에서 인기강좌로 선정했겠는가. 이 책에서 주역(역경)은 해당 행동이 행운을 가져다줄지 불행을 가져다줄지를 알려 주지만 점술서는 아니라고 했다.

주역은 양(+)과 음(-) 2가지 기호체계로 돼 있으며 독일의 물리학자 라이프니츠는 주역에서 1과 0을 사용하는 2진법 체계를 찾아냈다. 이것은 후일 컴퓨터체계에 도입돼 디지털 문명의 도화선이 됐다. 주역이 서양(독일)에 전파된 것은 1698년 중국에 파견돼 있던 필립포 그리말디 신부에 의해서다. 그는 중국에서 포교활동을 하면서 주역을 접한 후 그 오묘한 원리에 깊은 감명을 받아 라이프니츠에게 편지를 썼다. 그리말디신부의 편지를 받아본 라이프니츠는 주역 64괘의 심오한 원리를 파악하고 2진법을 발명해낸 것이다. 이에 전 세계 지성들이 주역 공부에 심취했다.

후에 교황의 명령으로 그리말디 신부와 함께 파견됐던 조아심 부베 신부가 본격적으로 주역연구에 몰두했다. 그리고 1830년 독일에서 주역이 라틴어로 완역돼 출판하게 됐다. 주역은 더 이상 중국의 전유물이 아니라 세계 여러 학자들이 주목하는 학문이 됐다.

물리학자 라이프니츠뿐만 아니라 닐스보어, 알버트 아인슈타인, 유가와 히데키(노벨 물리학상 수상), 존슨 얀(DNA와 주역의 관계해석), 특히 심리학자 칼 융, 대문호 헤르만 헤세와 요한 괴테, 옥타비오파스 시인(64괘를 활용한 멕시코 시인) 등 최고의 지성인들이 주역연구에 빠져들었다. 이처럼 물리학자, 심리학자, 대문호들이 주역에 심취한 이유는 무엇이었을까. 주역이 미신에 근거한 점술서에 불과한 것이었다면 이런 대석학들의 혼을 쏙 뺄 수는 없었을 것이다.

주역은 중국의 고대 학문의 영역에 머문 주술적인 점서가 아니라 자연계를 연구하는 최고의 지침서임을 알 수 있다. 서양의 대 물리학자들이 주역을 알고자 했던 이유가 바로 세상의 지혜를 찾고자 했기 때문이다. 주역은 만물이 시공간 속에서 어떻게 활동하는지를 밝혀내는 학문이다.

그러나 주역은 불가근불가원의 경서라고 할 만큼 난해한 학문이다. 퇴계 이황도 20세 때 주역을 읽기 시작해 식음을 전폐할 정도로 빠져드는 바람에 지병을 얻었다고 한다. 34세 때 회시(會試)에 응시해 모든 과목에서 최고점인 통(通)을 받았으나 주역 한 과목만은 요즘으로 치면 C학점인 조(粗)를 받게 되자, 십 년이 넘도록 연구에 몰두해도 쉽게 정복되지 않는 높은 산이라고 탄식했다. 이런 이유 때문인지 예나 지금이나 내로라하는 학자치고 주역에 한 번 도전해 보지 않은 사람이 드물었다. 주역은 거대한 늪처럼 수많은 사람들을 빠져들게 해 일생을 마치게도 했으니 난해한 학문임이 틀림없다.

이렇게 어려운 학문에 왜 나는 집착하는가? 평생교육원에서 이 강좌를 배우면서 생각해 보았다. 대학에서 퇴직한 지 10수년 80고개를 넘은 나는 여러 학기 동안 주역 강의를 들었지만 주역의 언저리를 맴돌고 있을 뿐 64괘를 외우는데 급급하면서 의미해석의 난해성에 역부족임을 절감하고 있다. 그러나 나는 주역의 심연까지 파고들지는 못하더라도 가벼운 마음으로 음과 양의 기본원리에 근거한 64괘의 표준화된 해석을 외우고 익히면서, 부끄럽게도 가물가물해가는 나의 기억력과 싸움으로써 치매예방 차원의 공부에 머무름에 만족하고자 했다. 그러나 이 강좌를 들으시는 수십 명의 수강생들은 일단 주역의 여러 고비를 넘기신 전문가임을 느낄 수 있어서 놀라웠고 참으로 좋았다.

*신원봉 교수 『인문으로 읽는 주역』 『주역 계사강의』 참조.

작가 연보

· 부산출신, 경남여고 졸업.
· 서울대학교 사범대학 역사교육과 졸업 문학사
· 서울대학교 대학원 사학과(동양사 전공) 문학석사
· 영남대학교 대학원 사학과(동양사 전공) 문학박사
· 현재 동의대학교 사학과 명예교수
· 중국사학회 회장 역임, 현재 고문
· 여성문제연구회 부산지회 명예회장

저서
· 『송경령 연구』(일조각, 1998)
· 『조선에서의 원세개』(신지서원, 2002)
· 『역사를 움직인 중국 여성들 』(살림출판사: 2014.)
· 『자성의 길목에서』(마을, 2017)
· 『감국대신 위안스카이－좌절한 조선의 근대와 중국의 간섭』(한울, 2019)
· 『20세기 중국을 빛낸 자매, 송경령과 송미령』(새문화출판사: 2019)
· 『저문 강가에서』(새문화출판사: 2021)
· 『감사와 긍정의 마음으로 일기쓰기 300일』(새문화출판사: 2022)

편저

- 『현대중국의 탐색』(신지서원, 2004)
- 『주제와 영상으로 보는 중국사 산책』(뉴워드사, 2010)
- 『그리움은 강물처럼』(신지서원 . 2010.)
- 『개나리 노란 꽃그늘 아래』(새문화출판사. 2020. 3)

역서

- 『송경령 평전』(지식산업사, 1992)
- 『중국근대사』(삼영사, 1994)
- 『송경령과 하향응』(신지서원, 2000)
- 『20세기 중국을 빛낸 위대한 여성, 송경령 (上,下)』(한울, 2001)
- 『중국혁명의 기원』(신지서원, 2004)
- 『송미령 평전』(한울, 2004)
- 『주은래와 등영초』(지식산업사, 2006)
- 『사료로 보는 중국여성사 100년』(한울 아카데미. 2010)

문학활동

- 『부산시단』 2015년 봄호 시부문 신인상 등단
- 『문학시대』 2015년 여름호 시부문 신인상 등단
- 『문학시대』 2017년 봄호 수필부문 신인상 등단
- 문학시대동인회, 문학시대수필가회, 부산시인협회 회원
- 효원수필문학회, 빛살, 길 동인